Narzisstische Persönlichkeitsstö rung Entlarven

Entdecken Sie die verborgenen Anzeichen, Symptome und Strategien, um sich vor emotionaler Manipulation und toxischen Beziehungen zu schützen

Tara Lawson

INHALT

Einführung

Willkommen. Ich freue mich, dass Sie dieses Buch in die Hand genommen haben. Es bedeutet, dass Sie auf die eine oder andere Weise bereit sind, einen entscheidenden Schritt zu tun, um etwas zu verstehen und sich davor zu schützen, was oft schwer zu erkennen, aber zutiefst schädlich ist: die narzisstische Persönlichkeitsstörung (NPD). Egal, ob Sie hier sind, weil Sie die Verwirrung, den Schmerz und die Selbstzweifel erlebt haben, die eine Beziehung mit einem Narzissten mit sich bringt, oder einfach, weil Sie sich weiterbilden möchten: Seien Sie sich bewusst, dass Sie nicht allein sind. Tausende Menschen beschreiten ähnliche Reisen, und dieses Buch soll Sie mit Klarheit, Einfühlungsvermögen und umsetzbaren Ratschlägen dabei begleiten.

Das Verständnis von NPD ist in der heutigen Welt, in der emotionale Manipulation und toxische

Beziehungen häufiger vorkommen, als wir vielleicht zugeben möchten, von entscheidender Bedeutung. Beim Narzissmus geht es nicht nur darum, dass jemand eitel oder egozentrisch ist – es handelt sich um eine komplexe Persönlichkeitsstörung, die verheerende Auswirkungen auf das Leben derjenigen haben kann, die sich mit Menschen einlassen, die diese Eigenschaften aufweisen. Die Auswirkungen der Nähe zu jemandem mit NPD – sei es ein Partner, ein Familienmitglied, ein Freund oder ein Kollege – können tiefgreifend und langanhaltend sein und zu emotionalen Traumata führen, die schwer zu heilen sind.

In meiner Arbeit als Verfechter der psychischen Gesundheit, Therapeutin und Forscherin habe ich unzählige Menschen gesehen, deren Leben durch Beziehungen zu Narzissten auf den Kopf gestellt wurde. Diese Menschen kommen oft mit einem Gefühl der Verzweiflung zu mir, fühlen sich verloren und wissen nicht, wie sie ihr Leben zurückgewinnen können. Ich habe die Tränen gesehen, die Geschichten über Manipulation, Gaslighting und emotionalen Missbrauch gehört und den langen Weg der Genesung miterlebt, der darauf folgt. Dieses Buch ist aus diesen Erfahrungen und dem Wunsch entstanden, so vielen Menschen wie möglich dabei zu helfen, ihren eigenen Weg zum Verständnis, zur Heilung und letztendlich zum Gedeihen jenseits der Reichweite narzisstischen Missbrauchs zu finden.

Mein Weg zum Schreiben dieses Buches war nicht nur beruflich, sondern auch persönlich. Auch ich habe die Verwirrung, den Kummer und die Frustration erlebt, die der Umgang mit einem Narzissten mit sich bringt. Ich weiß, wie es sich anfühlt, im Netz der emotionalen Manipulation gefangen zu sein, die eigene Realität in Frage zu stellen und sich zu fragen, ob man sich jemals wieder ganz fühlen wird. Es ist eine Reise, die mich sowohl beruflich als auch persönlich geprägt hat, und ich glaube, dass man aus dieser Reise gestärkt und gestärkt als je zuvor hervorgehen kann.

Was dieses Buch bieten wird

Dieses Buch soll Ihr Begleiter sein, wenn Sie sich durch die Komplexität der NPD und ihrer Auswirkungen navigieren. Es ist so strukturiert, dass es Sie von einem Ort der Unsicherheit und Verwirrung zu einem Ort des Verständnisses, der Stärke und der Widerstandsfähigkeit führt. So machen wir das:

Zunächst befassen wir uns mit den Grundlagen der narzisstischen Persönlichkeitsstörung. Wir werden untersuchen, was NPD ist, wie sie sich manifestiert und warum sich Menschen mit NPD so verhalten, wie sie es tun. Das Verständnis der Störung ist der erste Schritt, um sie bei anderen und bei sich selbst zu erkennen, wenn Sie von jemandem mit diesen Merkmalen betroffen sind. Wir werden auch die Wurzeln der NPD besprechen und uns die psychologischen und umweltbedingten Faktoren ansehen, die zu ihrer Entwicklung beitragen.

Als Nächstes wenden wir uns den Anzeichen und Symptomen der NPD zu. Das frühzeitige Erkennen der Warnsignale kann Ihnen viel Schmerz und Kummer ersparen. Sie erfahren etwas über die Verhaltensweisen und Taktiken, mit denen Narzissten ihre Mitmenschen kontrollieren und manipulieren – zunächst oft subtil, aber mit der Zeit mit verheerenden Auswirkungen. In diesem Abschnitt werden Beispiele und Fallstudien aus dem wirklichen Leben vorgestellt, um zu veranschaulichen, wie sich diese Verhaltensweisen in verschiedenen Arten von Beziehungen manifestieren, von romantischen Partnerschaften bis hin zu Familiendynamiken und Interaktionen am Arbeitsplatz.

Es ist von entscheidender Bedeutung, die Auswirkungen von NPD auf die Opfer zu verstehen, und wir werden uns mit der Untersuchung der emotionalen und psychologischen Folgen befassen, die die Nähe zu einem Narzissten mit sich bringen kann. Unabhängig davon, ob Sie mit den Folgen einer narzisstischen Beziehung zu kämpfen haben oder sich gerade in einer solchen befinden, hilft Ihnen dieser Abschnitt dabei, den Schaden zu erkennen und mit der Heilung zu beginnen. Wir werden auch das Konzept des narzisstischen Missbrauchssyndroms besprechen, eine Erkrankung, die bei vielen Opfern auftritt, wenn sie über einen längeren Zeitraum narzisstischer Manipulation ausgesetzt sind.

Sobald wir den Grundstein gelegt haben, gehen wir zu praktischen Strategien über, wie Sie sich vor emotionaler Manipulation schützen und Ihre Interaktionen mit Narzissten bewältigen können. Das Setzen von Grenzen ist der Schlüssel zum Schutz Ihres Wohlbefindens. Wir werden untersuchen, wie Sie diese Grenzen festlegen und durchsetzen können, auch wenn es sich unmöglich anfühlt. Sie lernen auch Techniken, um sich von einem Narzissten zu lösen und ihn loszuwerden, unabhängig davon, ob Sie bereit sind, ganz aufzugeben, oder aus praktischen Gründen nur begrenzten Kontakt aufrechterhalten müssen.

Die Heilung und der Wiederaufbau nach einer Beziehung mit einem Narzissten ist ein Prozess, und dieses Buch wird Sie durch diesen Prozess führen. Wir behandeln therapeutische Ansätze zur Genesung, einschließlich Selbstpflegestrategien, Therapieoptionen und Unterstützungssystemen, die

Ihnen helfen können, Ihr Selbstbewusstsein wiederzugewinnen und Ihr Leben neu aufzubauen. Die Wiederherstellung Ihres Selbstwertgefühls ist ein entscheidender Teil dieser Reise, und Sie finden Tools und Übungen, die Ihnen dabei helfen sollen, Ihr Selbstvertrauen und Selbstwertgefühl wiederzuentdecken.

Während Sie dieses Buch durcharbeiten, erfahren Sie auch, wie Sie Ihre Beziehungen neu definieren und gesunde, erfüllende Verbindungen aufbauen können, die frei von der Toxizität narzisstischer Dynamiken sind. Wir besprechen, wie man ungesunde Muster in zukünftigen Beziehungen erkennt und vermeidet und wie man Beziehungen pflegt, die auf gegenseitigem Respekt, Vertrauen und Empathie basieren.

Abschließend konzentrieren wir uns auf die Stärkung. Ich möchte, dass Sie aus diesem Buch nicht nur mit Wissen, sondern auch mit einem neuen Gefühl von Stärke und Belastbarkeit hervorgehen. Sie haben die Macht, sich vor narzisstischem Missbrauch zu schützen und ein Leben zu schaffen, das reich, erfüllend und frei von toxischen Einflüssen ist. Wir sprechen darüber, wie Sie zum Fürsprecher für sich selbst und andere werden und Ihre Erfahrung nutzen können, um anderen zu helfen, narzisstische Manipulation zu erkennen und zu vermeiden.

Der erste Schritt in Richtung Selbsterkenntnis und Selbstbestimmung ist eine mutige Tat, und ich lobe Sie dafür, dass Sie diese Reise begonnen haben. Denken Sie daran, dass dieses Buch Sie bei jedem Schritt unterstützen soll. Sie müssen dies nicht alleine durchmachen – ganz gleich, ob Sie gerade erst anfangen, NPD zu verstehen, oder sich schon in der Genesungsphase befinden, dieser Leitfaden soll

Sie dort abholen, wo Sie sind, und Ihnen dabei helfen, voranzukommen.

Wenn Sie die Seite zum ersten Kapitel umblättern, wissen Sie, dass Sie einen großen Schritt hin zur Wiedererlangung Ihres Lebens machen. Der Weg wird nicht immer einfach sein, aber mit den richtigen Tools und der richtigen Unterstützung können Sie die bevorstehenden Herausforderungen meistern. Sie haben es verdient, ein Leben frei von emotionaler Manipulation zu führen, und ich bin hier, um Ihnen dabei zu helfen, dieses Ziel zu erreichen.

Lassen Sie uns diese Reise gemeinsam beginnen.

TEIL I

Narzisstische Persönlichkeitsstörung Verstehen

KAPITEL 1

Was ist eine narzisstische Persönlichkeitsstörung?

NPD definieren

Stellen Sie sich vor, Sie treffen jemanden, der charmant, selbstbewusst und unglaublich selbstsicher wirkt. Sie haben eine magnetische Persönlichkeit, können einen Raum beherrschen und scheinen alles im Griff zu haben. Aber wenn man sie besser kennenlernt, bemerkt man etwas Beunruhigendes. Sie sehnen sich nach Aufmerksamkeit und Bewunderung, lehnen die Gefühle anderer ab oder schmälern sie und haben ein starkes Bedürfnis, als etwas Besonderes oder Überlegenes angesehen zu werden. Wenn die Dinge nicht so laufen, wie sie wollen, kann ihr Verhalten manipulativ oder sogar grausam werden. Dies ist nicht nur jemand mit hohem Selbstwertgefühl oder

Selbstvertrauen; Dies könnte jemand mit einer narzisstischen Persönlichkeitsstörung (NPD) sein.

NPD ist eine komplexe und oft missverstandene psychische Erkrankung. Es ist wichtig klarzustellen, dass wir uns, wenn wir in diesem Zusammenhang über Narzissmus sprechen, nicht nur auf jemanden beziehen, der eitel oder egozentrisch ist – Eigenschaften, die viele Menschen gelegentlich an den Tag legen. Stattdessen handelt es sich bei NPD um eine diagnostizierbare Persönlichkeitsstörung, die durch ein allgegenwärtiges Muster von Grandiosität, einem ständigen Bedürfnis nach Bewunderung und einem Mangel an Empathie für andere gekennzeichnet ist. Diese Verhaltensweisen treten nicht nur gelegentlich auf, sondern sind tief in der Persönlichkeit der Person verankert und beeinflussen ihre Gedanken, Gefühle und Handlungen in verschiedenen Aspekten des Lebens.

Das Diagnostic and Statistical Manual of Mental Disorders (DSM-5), die wichtigste Ressource, die von Fachleuten für psychische Gesundheit zur Diagnose psychischer Erkrankungen verwendet wird, beschreibt spezifische Kriterien für NPD. Gemäß DSM-5 muss eine Person mindestens fünf der folgenden Merkmale aufweisen, um mit NPD diagnostiziert zu werden:

1. **Ein grandioses Selbstwertgefühl:** Sie übertreiben Leistungen und Talente und erwarten, ohne entsprechende Leistungen als überlegen anerkannt zu werden.

2. **Beschäftigung mit Fantasien von unbegrenztem Erfolg, Macht, Brillanz, Schönheit oder idealer Liebe:** Ihre Gedanken werden oft von diesen grandiosen Fantasien verzehrt.

**3. Glaube, dass sie „besonders" und einzigartig
sind:** Sie glauben, dass sie nur von anderen
besonderen oder hochrangigen Personen oder
Institutionen verstanden werden können oder mit
ihnen in Verbindung stehen sollten.

4. Bedürfnis nach übermäßiger Bewunderung:
Sie benötigen ständige Aufmerksamkeit und
Bewunderung von anderen, um sich gut zu fühlen.

5. Anspruchsdenken: Sie haben unangemessene
Erwartungen an eine besonders günstige
Behandlung oder die automatische Erfüllung ihrer
Erwartungen.

**6. Zwischenmenschlich ausbeuterisches
Verhalten:** Sie nutzen andere aus, um ihre eigenen
Ziele zu erreichen.

7. Mangel an Empathie: Sie sind nicht bereit, die Gefühle und Bedürfnisse anderer anzuerkennen oder sich mit ihnen zu identifizieren.

8. Neid auf andere oder der Glaube, dass andere neidisch auf sie sind: Sie sind oft neidisch auf die Erfolge oder Besitztümer anderer oder glauben, dass andere neidisch auf sie sind.

9. Arrogantes, hochmütiges Verhalten oder Einstellungen: Sie zeigen ein Gefühl der Überlegenheit und verachten andere als minderwertig.

Das Verständnis dieser Kriterien ist wichtig, da sie den tiefgreifenden Unterschied zwischen jemandem mit gesundem Selbstwertgefühl und jemandem, der die diagnostischen Kriterien für NPD erfüllt, verdeutlichen. Ein gesundes Selbstwertgefühl wurzelt in einem ausgeglichenen, realistischen

Selbstbild, in dem der Einzelne seine Stärken einschätzen und seine Schwächen anerkennen kann. Sie schätzen sich selbst, erkennen aber auch den Wert anderer an und respektieren ihn. Im Gegensatz dazu mangelt es jemandem mit NPD an diesem Gleichgewicht und erhebt sich oft auf Kosten seiner Mitmenschen.

Die Ursprünge des Narzissmus

Eine narzisstische Persönlichkeitsstörung entwickelt sich nicht über Nacht. Sie ist das Ergebnis eines komplexen Zusammenspiels genetischer, psychologischer und umweltbedingter Faktoren. Um NPD wirklich zu verstehen, ist es wichtig, diese Ursprünge zu erforschen und zu überlegen, wie sie zur Entwicklung dieser Störung beitragen.

- **Kindheitserlebnisse:** Viele Theorien über die Ursprünge der NPD gehen auf Erfahrungen in der frühen Kindheit zurück.

Kinder, die mit Eltern aufwachsen, die übermäßig nachsichtig sind, sie übertrieben loben, ohne ihr Lob in der Realität zu begründen, oder die sie so behandeln, als wären sie etwas Besonderes und anderen überlegen, können ein überhöhtes Selbstbewusstsein entwickeln. Umgekehrt können auch Kinder, die extreme Kritik, Vernachlässigung oder emotionalen Missbrauch erfahren, narzisstische Züge als Abwehrmechanismus entwickeln. In diesen Fällen dient das grandiose Selbstbild als Schutzschild gegen Gefühle der Unzulänglichkeit und Verletzlichkeit. Der Mangel an konsistenten und gesunden emotionalen Reaktionen seitens der Pflegekräfte kann die Entwicklung von Empathie behindern und zu der für NPD charakteristischen emotionalen Distanzierung führen.

- **Genetik:** Während Umweltfaktoren eine wichtige Rolle spielen, können auch genetische Faktoren zur Entstehung von NPD beitragen. Untersuchungen haben gezeigt, dass Persönlichkeitsstörungen, einschließlich NPD, tendenziell in Familien auftreten, was auf eine genetische Veranlagung schließen lässt. Allerdings ist eine genetische Veranlagung keine Garantie dafür, dass jemand NPD entwickelt; es bedeutet lediglich, dass sie möglicherweise anfälliger für die Störung sind, insbesondere wenn andere Faktoren vorliegen, die dazu beitragen.

- **Gesellschaftliche Einflüsse:** Wir leben in einer Gesellschaft, die oft Erfolg, Macht und Ruhm verherrlicht – Werte, die narzisstische Tendenzen fördern können. Der Aufstieg der sozialen Medien hat dies noch verstärkt und bietet eine Plattform, auf der Einzelpersonen im großen Stil Bewunderung, Bestätigung und Aufmerksamkeit erlangen können. Für jemanden mit narzisstischen Zügen kann das ständige Bedürfnis nach Bewunderung und Bestätigung süchtig machen, sein Verhalten verstärken und zur Entwicklung von NPD beitragen. Der Fokus der Gesellschaft auf individuelle Leistung über das Wohlergehen der Gemeinschaft oder des Kollektivs kann auch narzisstische Verhaltensweisen fördern, da Menschen oft für Eigenwerbung und rücksichtslosen Wettbewerb belohnt werden.

- **Psychologische Theorien und Forschung:** Mehrere psychologische Theorien geben Einblick in die Entwicklung der NPD. Eine prominente Theorie ist **Objektbeziehungstheorie,** was darauf hindeutet, dass frühe Beziehungen zu primären Bezugspersonen (häufig den Eltern) die Persönlichkeit eines Individuums maßgeblich prägen. Wenn diese frühen Beziehungen dysfunktional sind – gekennzeichnet durch Inkonsistenz, Überbewertung oder emotionale Vernachlässigung – kann es für das Kind schwierig sein, ein zusammenhängendes Selbstgefühl zu entwickeln, was mit zunehmendem Alter zu narzisstischen Zügen führt.

Eine weitere einflussreiche Theorie ist **Bindungstheorie**, das die Bindung zwischen Kindern und ihren Betreuern untersucht. Eine sichere Bindung, in der sich ein Kind geliebt und wertgeschätzt fühlt, führt typischerweise zu einer gesunden emotionalen Entwicklung. Allerdings können unsichere Bindungen – ob ängstlich, vermeidend oder desorganisiert – zu Schwierigkeiten mit dem Selbstwertgefühl, der Identität und dem Einfühlungsvermögen führen, die alle für NPD von zentraler Bedeutung sind.

Wenn wir die Ursprünge der NPD verstehen, können wir sie nicht als isolierten Zustand, sondern als Ergebnis verschiedener Einflüsse sehen, die im Laufe der Zeit zusammenlaufen. Es ist wichtig, mit Mitgefühl an das Thema heranzugehen und sich darüber im Klaren zu sein, dass Menschen mit NPD oft tief verwurzelte psychische Wunden haben. Dieses Verständnis unterstreicht jedoch auch die Notwendigkeit, sich vor den toxischen Auswirkungen zu schützen, die Personen mit NPD auf andere haben können.

Denken Sie im weiteren Verlauf dieses Buches daran, dass Wissen Ihr größtes Werkzeug ist. Je mehr Sie über NPD wissen, desto besser können Sie es erkennen, sich schützen und anderen helfen, die möglicherweise in seinem Netz gefangen sind. Bei dieser Reise geht es nicht nur darum, zu lernen, mit den Herausforderungen der NPD umzugehen – es geht auch darum, sich selbst zu befähigen, ein Leben zu schaffen, das frei von Manipulation und emotionalem Missbrauch ist.

KAPITEL 2

Erkennen der Anzeichen und Symptome

Das Spielbuch des Narzissten

Sie lernen jemanden kennen, der neu ist – vielleicht einen potenziellen Liebespartner, einen Freund oder sogar einen neuen Chef. Zunächst scheint alles perfekt zu sein. Sie sind charismatisch, engagiert und geben Ihnen das Gefühl, die wichtigste Person im Raum zu sein. Sie überschütten Sie möglicherweise mit Komplimenten, machen große Gesten der Zuneigung oder präsentieren sich als Quelle der Weisheit und Führung. Aber mit der Zeit bemerken Sie subtile Veränderungen. Ihre Komplimente verwandeln sich in Kritik, ihre Aufmerksamkeit wird unvorhersehbar und Sie wandeln auf Eierschalen und versuchen immer, in ihrer Gunst zu bleiben. Wenn Ihnen das bekannt vorkommt, sind Sie möglicherweise jemandem mit einer narzisstischen Persönlichkeitsstörung (NPD) begegnet.

Narzissten haben bestimmte Verhaltensweisen und Strategien, mit denen sie sich in ihrer Welt zurechtfinden. Diese Taktiken bilden das, was wir „Das Spielbuch des Narzissten" nennen können. Das Verständnis dieses Spielbuchs ist entscheidend, um zu erkennen, wann jemand Manipulation, Charme und Kontrolle einsetzt, um seine Ziele auf Ihre Kosten zu erreichen.

Charme als Waffe: Narzissten sind oft äußerst charmant. Sie wissen, wie man einen großartigen ersten Eindruck hinterlässt, und nutzen diesen Zauber als Werkzeug, um Menschen anzuziehen. Dieser Zauber ist jedoch nicht echt – es ist eine sorgfältig ausgearbeitete Handlung, die darauf abzielt, Sie zu entwaffnen, Sie dazu zu bringen, ihnen zu vertrauen und etwas zu geben sie kontrollieren. Der Charme eines Narzissten ist wie der Köder an einem Haken; Es sieht ansprechend aus, verbirgt aber etwas viel Schädlicheres darunter.

Manipulation und Kontrolle: Sobald sie Sie mit ihrem Charme gefesselt haben, beginnen Narzissten, heimtückischere Taktiken anzuwenden, um die Kontrolle zu behalten. Dabei handelt es sich häufig um Manipulationen, die viele Formen annehmen können. Möglicherweise nutzen sie Schmeicheleien, um Ihnen das Gefühl zu geben, etwas Besonderes zu sein, entziehen Ihnen aber später ihre Zuneigung, um Sie in einem Zustand der Angst und Abhängigkeit zu halten. Diese Taktik wird als „Love-Bombing" mit anschließender „Abwertung" bezeichnet. Anfangs werden Sie mit Aufmerksamkeit und Lob bombardiert, aber sobald sich die andere Person in der Beziehung sicher fühlt, ziehen sie sich zurück, was Sie verwirrt und verzweifelt auf der Suche nach ihrer Zustimmung zurücklässt.

Narzissten sind auch Meister darin **Gasbeleuchtung–** eine psychologische Manipulationstechnik, bei der Sie Ihre eigene Realität, Erinnerungen oder Wahrnehmungen in Frage stellen. Sie könnten zum Beispiel darauf bestehen, dass etwas, von dem Sie wissen, dass es nie passiert ist, oder sie könnten Ihre Worte verdrehen und Sie dazu bringen, an Ihren eigenen Gedanken zu zweifeln. Mit der Zeit kann Gaslighting Ihr Selbstvertrauen untergraben und Sie abhängiger vom Narzissten machen, wenn es um „Klarheit" und „Wahrheit" geht, auch wenn diese Ihre Realität überhaupt erst verzerren.

Das Bedürfnis nach Kontrolle: Kontrolle ist das Herzstück des Verhaltens eines Narzissten. Sie müssen sich überlegen und verantwortlich fühlen, und das erreichen sie, indem sie die Menschen um sie herum dominieren. Diese Kontrolle kann offenkundig sein, etwa indem Sie vorschreiben, was Sie tun dürfen und was nicht, oder sie kann subtiler sein, etwa indem Sie Ihnen ein schlechtes Gewissen machen, weil Sie Zeit mit Freunden oder der Familie verbringen möchten, statt mit ihnen. Indem der Narzisst die Kontrolle behält, stellt er sicher, dass seine Bedürfnisse immer erfüllt werden, oft auf Kosten aller anderen.

Rote Fahnen in Beziehungen

Das frühzeitige Erkennen der Warnsignale narzisstischen Verhaltens kann Ihnen viel Schmerz und Verwirrung ersparen. Ob in einer romantischen Beziehung, einer Freundschaft oder sogar im beruflichen Umfeld, diese Warnzeichen können Ihnen helfen, einen Narzissten zu erkennen, bevor er erheblichen Schaden anrichtet.

Liebesbombardierung und Idealisierung: Wie bereits erwähnt, ist Love-Bombing eines der ersten Anzeichen für narzisstisches Verhalten in romantischen Beziehungen. Der Narzisst wird Sie mit Aufmerksamkeit, Komplimenten und Geschenken überschütten, sodass Sie das Gefühl haben, den perfekten Partner gefunden zu haben. Aber hier geht es nicht um echte Zuneigung; es geht um Kontrolle. Indem er Ihnen das Gefühl gibt, ganz oben auf der Welt zu sein, bereitet der Narzisst die Bühne für die unvermeidliche Abwertungsphase, in der er beginnt, diese Zuneigung zurückzuhalten, sodass Sie sich nach dem High sehnen, das Sie einst verspürt haben.

Mangel an Empathie: Ein weiteres großes Warnsignal ist mangelndes Einfühlungsvermögen. Narzissten sind nicht in der Lage, die Gefühle anderer wirklich zu verstehen oder sich um sie zu kümmern. In einer Beziehung kann sich dies darin äußern, dass die Person deine Gefühle abtut, deine Erfahrungen abwertet oder dir sogar die Schuld für ihr eigenes schlechtes Verhalten gibt. Wenn Sie beispielsweise zum Ausdruck bringen, dass Sie durch etwas verletzt wurden, antworten sie möglicherweise mit „Sie sind zu empfindlich" oder „Sie reagieren über." Dieser Mangel an Empathie kann dazu führen, dass Sie sich isoliert und nicht unterstützt fühlen, als ob Ihre Gefühle keine Rolle spielten.

Projektion und Schuldzuweisung: Narzissten projizieren oft ihre eigenen negativen Eigenschaften auf andere. Wenn sie sich unsicher fühlen, könnten sie Ihnen vorwerfen, eifersüchtig oder nicht vertrauenswürdig zu sein. Wenn sie wütend sind, könnten sie sagen, dass Sie derjenige sind, der unvernünftig ist. Diese Projektion ist ein Abwehrmechanismus, der es dem Narzissten ermöglicht, die Verantwortung für seine eigenen

Handlungen zu vermeiden. Neben der Projektion sind sie Experten für Schuldzuweisungen, bei denen jedes Problem in der Beziehung irgendwie deine Schuld ist. Diese ständige Schuldzuweisung kann dazu führen, dass Sie sich schuldig und verwirrt fühlen, selbst wenn Sie nichts falsch gemacht haben.

Dich von anderen isolieren: Ein Narzisst wird oft versuchen, Sie von Freunden, Familie und anderen Unterstützungssystemen zu isolieren. Dies kann auf subtile Weise geschehen, indem Sie Ihre Lieben kritisieren oder Ihnen ein schlechtes Gewissen machen, weil Sie Zeit mit ihnen verbringen. Mit der Zeit sorgt diese Isolation dafür, dass Sie immer abhängiger vom Narzissten werden und es weniger Perspektiven von außen gibt, die seine Kontrolle über Sie in Frage stellen könnten.

Um diese Konzepte zum Leben zu erwecken, schauen wir uns einige Beispiele und Fallstudien aus dem wirklichen Leben an, die zeigen, wie sich narzisstisches Verhalten in verschiedenen Arten von Beziehungen manifestiert.

Romantische Beziehungen: Es gibt eine Dame namens Tara, die Patrick auf einer Party kennengelernt hat und sie mit seinem Charme und seiner Aufmerksamkeit schnell umgehauen hat. Sie waren unzertrennlich und Patrick gab Tara das Gefühl, der außergewöhnlichste Mensch auf der Welt zu sein. Sie gingen eine Beziehung ein, aber nach ein paar Jahren begannen sich die Dinge zu ändern. Patrick fing an, Taras Aussehen zu kritisieren, ihre Entscheidungen in Frage zu stellen und zunehmend kontrollierend zu werden. Er würde wütend werden, wenn sie Zeit mit ihren Freunden verbringen und ihr vorwerfen, dass ihre Beziehung ihnen egal sei. Als Tara versuchte, mit ihm über ihre Gefühle zu sprechen, tat Patrick ihre Bedenken ab und sagte ihr, sie sei zu empfindlich. Mit der Zeit wurde Tara isoliert und unsicher und versuchte immer, Patrick zu gefallen und seinem Zorn aus dem Weg zu gehen. Erst als sie anfing, Narzissmus zu erforschen und professionellen Rat einholte, wurde ihr klar, dass Patricks Verhalten zu den klassischen Anzeichen einer NPD passte.

Berufliche Beziehungen: Ein weiteres Beispiel, das ich gerne verwenden möchte, war der Fall von David, der begeistert war, als er einen Job bei einer renommierten Firma bekam und unter einer bekannten Führungskraft namens Julia arbeitete. Auf den ersten Blick scheint Julia die perfekte Mentorin zu sein – sachkundig, erfolgreich und bereit, David dabei zu helfen, seine Karriere voranzutreiben. Doch im Laufe der Zeit bemerkte David, dass Julia die Anerkennung für seine Arbeit in Anspruch nahm, seine Ideen herabwürdigen und unangemessene Forderungen stellte. Sie erwartete von David, dass er rund um die Uhr erreichbar wäre, und wenn er ihre Erwartungen nicht erfüllen konnte, stellte sie ihn in Besprechungen öffentlich zur Rede. Trotz ihres äußerlichen Charmes machte es Julias Bedürfnis nach Kontrolle und Bewunderung unmöglich, ihr zu gefallen. David erkannte schließlich, dass Julias Verhalten nicht normal war und begann, Grenzen zu setzen, was sie nur noch feindseliger machte. Das Erkennen von Julias Narzissmus durch einige berufliche Strategien half David, sein Selbstwertgefühl zu schützen und schließlich ein gesünderes Arbeitsumfeld zu finden.

Diese Beispiele verdeutlichen, wie wichtig es ist, narzisstisches Verhalten frühzeitig zu erkennen. Ob in persönlichen oder beruflichen Beziehungen: Das Verständnis der Anzeichen und Symptome einer NPD kann Ihnen dabei helfen, sich vor emotionaler Manipulation und Kontrolle zu schützen.

KAPITEL 3

Die Auswirkungen der NPD auf Opfer

Die narzisstische Persönlichkeitsstörung (NPD) ist nicht nur eine herausfordernde Erkrankung für diejenigen, die damit leben – sie ist auch eine zutiefst schädliche Kraft im Leben der Menschen, die mit Narzissten interagieren, insbesondere derjenigen, die in einer engen Beziehung zu ihnen stehen. Die Auswirkungen, im Umfeld eines Narzissten zu sein, können langanhaltend, sogar verheerend sein und jeden Aspekt des emotionalen, psychologischen und sozialen Wohlbefindens einer Person beeinträchtigen. Das Verständnis dieser Auswirkungen ist für jeden, der narzisstischen Missbrauch erlebt hat oder versucht, jemanden zu unterstützen, der narzisstischen Missbrauch erlebt hat, von entscheidender Bedeutung. In diesem

Kapitel werden wir die emotionalen und psychologischen Konsequenzen der Interaktion mit Narzissten untersuchen, uns mit den langfristigen Auswirkungen solcher Beziehungen befassen und die Bewältigungsmechanismen diskutieren, die Opfer häufig entwickeln.

Emotionale und psychologische Konsequenzen

Die erste und unmittelbarste Auswirkung einer Beziehung mit einem Narzissten ist der emotionale und psychologische Schaden, der im Laufe der Zeit entsteht. Narzissten sind geschickt darin, die Gefühle ihrer Opfer zu manipulieren, was oft dazu führt, dass sie sich verwirrt, isoliert und zutiefst verletzt fühlen.

Das Trauma und den emotionalen Schaden verstehen

Der Kern des emotionalen Schadens, den Narzissten anrichten, ist ein tiefes Gefühl des Verrats. Opfer gehen häufig Beziehungen mit Narzissten während einer Phase des „Liebesbombardements" ein, in der der Narzisst sie mit Zuneigung, Aufmerksamkeit und Lob überschüttet. Diese Phase schafft eine starke emotionale Bindung und ein starkes Vertrauensgefühl. Wenn jedoch die wahre Natur des Narzissten zum Vorschein kommt, wird diese Bindung systematisch untergraben. Die Zuneigung wird zur Kritik, die Aufmerksamkeit zur Manipulation und das Lob wird durch herabwürdigende Bemerkungen ersetzt. Opfer hinterfragen ihren eigenen Wert und versuchen ständig, die Anerkennung und Liebe zurückzugewinnen, die der Narzisst ihnen einst entgegengebracht hat.

Dieser Prozess ist nicht nur emotional schmerzhaft; es kann auch zu dem sogenannten führen **„narzisstisches Missbrauchssyndrom."** Dieser Begriff beschreibt eine Reihe von Symptomen, die häufig bei Menschen auftreten, die über einen längeren Zeitraum narzisstischem Missbrauch ausgesetzt waren. Zu diesen Symptomen können chronische Scham- und Schuldgefühle, ein Gefühl der Wertlosigkeit und eine überwältigende Angst vor Verlassenheit gehören. Opfer können auch mit kognitiver Dissonanz zu kämpfen haben – dem psychologischen Stress, der durch widersprüchliche Überzeugungen über den Narzissten entsteht (z. B. „Sie lieben mich" versus „Sie tun mir weh").

Das Konzept des „narzisstischen Missbrauchssyndroms"

Das narzisstische Missbrauchssyndrom ist eine komplexe und oft missverstandene Erkrankung. Es ist wichtig zu erkennen, dass dieses Syndrom nicht das Ergebnis einer Schwäche oder eines Charakterfehlers des Opfers ist. Es ist vielmehr eine direkte Folge der manipulativen Taktiken des Narzissten. Diese Taktiken – Gaslighting, Triangulation und intermittierende Verstärkung – zielen darauf ab, das Selbstbewusstsein des Opfers zu destabilisieren und es abhängiger von der Bestätigung und Unterstützung durch den Narzissten zu machen.

GasbeleuchtungZum Beispiel geht es darum, dass der Narzisst die Realität leugnet, was dazu führt, dass das Opfer sein eigenes Gedächtnis, seine Wahrnehmung und seinen Verstand in Frage stellt. Triangulation hingegen ist eine Taktik, bei der der Narzisst einen Dritten in die Beziehungsdynamik einbezieht, um Eifersucht und Konkurrenz zu erzeugen, was das Selbstvertrauen und Selbstwertgefühl des Opfers weiter untergräbt. **Intermittierende Verstärkung**– bei der der

Narzisst zwischen Phasen positiven und negativen Verhaltens wechselt – hält das Opfer in einem Zustand emotionalen Aufruhrs und hofft immer, dass die „gute" Version des Narzissten zurückkommt.

Mit der Zeit können diese Taktiken dazu führen, dass sich das Opfer machtlos, verwirrt und emotional abhängig vom Narzissten fühlt. Das Trauma dieser Erfahrung kann tiefgreifend sein und zu einer Reihe psychischer Probleme führen, die noch lange nach dem Ende der Beziehung bestehen bleiben können.

Langzeiteffekte

Der emotionale und psychische Schaden, den Narzissten anrichten, verschwindet nicht einfach, wenn die Beziehung endet. Tatsächlich kann es sogar noch schwieriger sein, mit den langfristigen Auswirkungen von narzisstischen Missbrauch umzugehen, da sie häufig tiefgreifende Veränderungen in der psychischen Gesundheit und Selbstwahrnehmung des Opfers mit sich bringen.

Angst, Depression und Erosion des Selbstwertgefühls

Eine der häufigsten Langzeitfolgen von narzisstischen Missbrauch ist **chronische Angst**. Opfer sind möglicherweise ständig nervös und haben Angst vor Kritik oder Ablehnung, selbst in Situationen, in denen sie sicher und unterstützt sind. Diese Angst kann begleitet sein von **Depression**, da die Opfer Schwierigkeiten haben, ihre Erfahrungen mit dem Narzissten mit ihrem eigenen Selbstwertgefühl in Einklang zu bringen. Die ständige Entwertung, die sie erfahren, kann zu einem tiefen Gefühl der Hoffnungslosigkeit und Verzweiflung führen.

Ein weiterer bedeutender Langzeiteffekt ist die Erosion von **Selbstwertgefühl**. Opfer verinnerlichen oft die negative Einstellung des Narzissten zu ihnen, was zu einem anhaltenden Gefühl der Unzulänglichkeit führt. Sie glauben möglicherweise, dass sie nicht liebenswert sind, dass sie die Behandlung verdienen, die sie erhalten haben, oder dass sie von Natur aus in irgendeiner Weise fehlerhaft sind. Dieses geringe Selbstwertgefühl kann sich auf jeden Bereich ihres Lebens auswirken, von persönlichen Beziehungen bis hin zu beruflichen Unternehmungen, und es ihnen schwer machen, sich selbst oder anderen zu vertrauen.

Opfer entwickeln Bewältigungsmechanismen

Um den psychologischen Stress einer Beziehung mit einem Narzissten zu überstehen, entwickeln Opfer häufig Bewältigungsmechanismen. Einige dieser Mechanismen können anpassungsfähig und gesund sein, während andere möglicherweise schlecht angepasst und auf lange Sicht schädlich sind.

Ein häufiger Bewältigungsmechanismus ist **emotionale Betäubung**. Konfrontiert mit ständiger Kritik und Manipulation kann es sein, dass Opfer anfangen, ihre Gefühle zu unterdrücken, um sich selbst zu schützen. Dies kann zwar vorübergehende Linderung verschaffen, kann aber auch zu einem Gefühl der Trennung von sich selbst und anderen führen, was es schwierig macht, in der Zukunft Freude, Liebe oder Erfüllung zu erfahren.

Ein weiterer Bewältigungsmechanismus ist **Hyper-Wachsamkeit**. Opfer von narzisstischem Missbrauch reagieren oft extrem auf die Stimmungen und Verhaltensweisen ihrer Mitmenschen und halten ständig Ausschau nach Anzeichen von Gefahr oder Missbilligung. Dieses Überbewusstsein kann ihnen zwar helfen, weiteren

Schaden zu vermeiden, es kann aber auch dazu führen, dass sie in einem Zustand ständiger Angst bleiben und sich nicht entspannen oder sich sicher fühlen können.

Positiv ist, dass sich einige Opfer entwickeln **Widerstandsfähigkeit** und ein starkes Selbstbewusstsein. Durch Therapie, Selbsthilfegruppen oder persönliche Reflexion lernen sie, die Anzeichen narzisstischen Verhaltens zu erkennen, Grenzen zu setzen und sich vor zukünftigem Schaden zu schützen. Möglicherweise entwickeln sie auch ein tieferes Verständnis für ihre eigenen Bedürfnisse und Wünsche, was in der Zukunft zu gesünderen und erfüllenderen Beziehungen führt.

Die Auswirkungen der narzisstischen Persönlichkeitsstörung auf ihre Opfer sind tiefgreifend und weitreichend. Von den unmittelbaren emotionalen und psychologischen Folgen bis hin zu den langfristigen Auswirkungen auf die psychische Gesundheit und das Selbstwertgefühl ist der durch narzisstischen Missbrauch verursachte Schaden real und erheblich. Das Verständnis dieser Auswirkungen ist jedoch der erste Schritt zur Heilung und Genesung. Durch das Erkennen der Anzeichen und Symptome narzisstischen Missbrauchs können Opfer damit beginnen, ihr Selbstbewusstsein zurückzugewinnen, ihr Leben neu aufzubauen und sich vor künftigem Schaden zu schützen.

TEIL II

Schützen Sie sich vor emotionaler Manipulation

KAPITEL 4

Emotionale Manipulation verstehen

Emotionale Manipulation ist eines der heimtückischen Werkzeuge im Arsenal eines Narzissten. Es handelt sich um eine Form der psychologischen Kriegsführung, die oft so subtil und kalkuliert ist, dass die Opfer erst dann merken, dass sie kontrolliert werden, wenn der Schaden bereits angerichtet ist.

Taktiken der Manipulation

Narzissten sind Meister Manipulatoren, die eine Vielzahl psychologischer Taktiken anwenden, um die Kontrolle über ihre Opfer zu behalten. Diese Taktiken zielen nicht nur darauf ab, die Emotionen ihrer Ziele zu manipulieren, sondern auch darauf, ihre Wahrnehmung der Realität zu verzerren und letztendlich ihr Selbstwertgefühl und ihre Autonomie zu zerstören.

1. **Gasbeleuchtung:** Eine der bekanntesten und verheerendsten Taktiken von Narzissten ist das Gaslighting. Dieser Begriff stammt aus dem Film von 1944 **Gaslicht Bezieht** sich auf eine Form der Manipulation, bei der der Täter das Opfer an seinem eigenen Gedächtnis, seiner Wahrnehmung und seinem Verstand zweifeln lässt. Es beginnt oft subtil – vielleicht bestreitet der Narzisst, etwas gesagt zu haben, was er offensichtlich getan hat, oder besteht darauf, dass das Opfer „zu empfindlich" ist oder „überreagiert". Mit der Zeit häufen sich diese kleinen Verleugnungen und Entlassungen, was dazu führt, dass das Opfer seine Realität in Frage stellt und sich zunehmend auf die „Klarheit" des Narzissten verlässt. Diese Erosion des Selbstvertrauens

ist ein wirksames Mittel, um das Opfer desorientiert und abhängig zu halten.

2. **Liebes Bombardierung:** Zu Beginn einer Beziehung greifen viele Narzissten zu einer Taktik namens Love Bombing. Dabei wird das Ziel mit übermäßiger Zuneigung, Aufmerksamkeit und Schmeichelei überwältigt. Das Opfer ist überwältigt und hat das Gefühl, den perfekten Partner oder Freund gefunden zu haben. Die Intensität dieser Phase schafft eine starke emotionale Bindung und bereitet die Voraussetzungen für zukünftige Manipulationen. Das Opfer wird emotional engagiert und hat eine tiefe Bindung, was es für es viel schwieriger macht, den Narzissten zu verlassen, wenn die wahre Natur des Narzissten ans Licht kommt.

3. **Triangulation:** Eine weitere gängige Taktik ist die Triangulation, bei der der Narzisst eine dritte Person in die Beziehungsdynamik einbezieht, um Eifersucht, Unsicherheit oder Konkurrenz zu erzeugen. Bei diesem Dritten könnte es sich um eine andere romantische Person, einen Freund, ein Familienmitglied oder sogar eine fiktive Person handeln. Der Narzisst kann diese Person nutzen, um beim Opfer Gefühle der Unzulänglichkeit hervorzurufen, was darauf hindeutet, dass sie weniger geschätzt oder weniger wichtig ist als der Dritte. Diese Taktik untergräbt nicht nur das Selbstvertrauen des Opfers, sondern isoliert es auch, indem es Misstrauen und Misstrauen in seine Beziehungen zu anderen sät.

4. **Abwertung und Aussonderung:** Nach der Anfangsphase der Idealisierung, in der der

Narzisst sein Opfer auf ein Podest stellt, beginnt die Abwertungsphase. Der Narzisst beginnt, das Opfer zu kritisieren, herabzusetzen und zu untergraben, wobei er oft die Informationen, die er während der Love-Bombing-Phase gewonnen hat, nutzt, um seine Unsicherheiten zu bekämpfen. Das Ziel besteht darin, das Opfer aus dem Gleichgewicht zu bringen und abhängig zu machen und ständig danach zu streben, die Zustimmung des Narzissten zurückzugewinnen. Letztendlich kann es sein, dass der Narzisst das Opfer ganz verwirft, die Beziehung abrupt beendet und das Opfer verwirrt und am Boden zerstört zurücklässt. Dieser Kreislauf aus Idealisierung, Abwertung und Verwerfen ist ein Kennzeichen narzisstischer Beziehungen.

Der Kreislauf des Missbrauchs

Um die Verhaltensmuster zu erkennen, die Opfer in einer narzisstischen Beziehung gefangen halten, ist es wichtig, den Teufelskreis des Missbrauchs zu verstehen. Dieser Zyklus besteht typischerweise aus drei Phasen: Idealisierung, Abwertung und Verwerfen. Jede Phase dient einem bestimmten Zweck, um die Kontrolle des Narzissten über sein Opfer aufrechtzuerhalten.

- **Idealisierung:** Während der Idealisierungsphase stellt der Narzisst sein Opfer auf ein Podest und überschüttet es mit Lob, Zuneigung und Aufmerksamkeit. Das Opfer fühlt sich besonders, ausgewählt und geschätzt. Diese Phase ist berauschend, sie schafft eine tiefe emotionale Bindung und gibt dem Opfer das Gefühl, jemanden gefunden zu haben, der es wirklich versteht und liebt. Diese Phase ist jedoch nicht echt – es handelt sich um eine kalkulierte Taktik, um die Kontrolle zu erlangen und die Voraussetzungen für zukünftige Manipulationen zu schaffen.

- **Abwertung:** Sobald das Opfer eine sichere Bindung hat, beginnt für den Narzissten die Abwertungsphase. Lob und Zuneigung werden durch Kritik, Tadel und emotionale Vernachlässigung ersetzt. Der Narzisst kann zunehmend distanziert, launisch oder sogar grausamer werden. Das einst idealisierte Opfer wandelt nun auf Eierschalen und versucht ständig, dem Narzissten zu gefallen und seine Gunst zurückzugewinnen. Diese Phase ist zutiefst verwirrend und schmerzhaft, da das Opfer versucht, die liebevolle Person, die es einst kannte, mit der kalten, kritischen Person, der es jetzt gegenübersteht, zu versöhnen.

- **Verwerfen:** Die letzte Phase des Zyklus ist das Verwerfen. Sobald der Narzisst dem Opfer alle emotionalen, psychologischen oder materiellen Ressourcen entzogen hat, die er wollte, kann es sein, dass er die Beziehung abrupt beendet. Dies kann plötzlich und ohne Vorwarnung passieren und das Opfer untröstlich und desorientiert zurücklassen. Auf die Ablegephase folgt oft die Suche des Narzissten nach einem neuen Opfer, während das ehemalige Opfer die Reste seines zerstörten Selbstwertgefühls und Realitätssinns aufsammeln muss.

<u>Die psychologischen Auswirkungen des Zyklus</u>

Der Kreislauf des Missbrauchs ist psychisch verheerend. Opfer fühlen sich oft gefangen und schwanken zwischen den Höhen der Idealisierungsphase und den erdrückenden Tiefen der Abwertung. Die Unvorhersehbarkeit des Verhaltens des Narzissten hält das Opfer in einem ständigen Zustand der Angst und Verwirrung, was sein Selbstwertgefühl untergräbt und es ihm immer schwerer macht, die Beziehung zu verlassen.

Im Laufe der Zeit kann dieser Zyklus zu schwerwiegenden psychischen Problemen führen, darunter Depressionen, Angstzustände und posttraumatische Belastungsstörungen (PTSD). Opfer können auch eine Form erlernter Hilflosigkeit entwickeln, bei der sie sich machtlos fühlen, ihre Situation zu ändern, und glauben, dass sie für den Missbrauch verantwortlich sind oder dass sie es verdienen. Dieses Gefühl der Hilflosigkeit ist genau das, was der Narzisst wünscht, denn es sichert ihm die anhaltende Kontrolle über das Opfer.

Manipulation im eigenen Leben erkennen

Das Erkennen dieser Manipulationstaktiken und des Kreislaufs des Missbrauchs in Ihrem eigenen Leben ist der erste Schritt, um sich aus einer narzisstischen Beziehung zu befreien. Es ist wichtig, sich daran zu erinnern, dass emotionale Manipulation nicht Ihre Schuld ist und Sie nicht allein sind. Viele Menschen waren in Ihrer Lage und haben ihr Leben erfolgreich von der narzisstischen Kontrolle befreit.

Bewusstsein ist der Schlüssel. Wenn Sie die Taktiken verstehen, die Narzissten anwenden, und den Kreislauf, den sie aufrechterhalten, können Sie beginnen, die manipulativen Verhaltensweisen zu durchschauen und Maßnahmen zu ergreifen, um sich selbst zu schützen. Dazu kann es gehören, feste Grenzen zu setzen, Unterstützung von vertrauenswürdigen Freunden oder Fachleuten zu suchen oder in manchen Fällen die Verbindung zum Narzissten ganz abzubrechen.

Der Weg zur Heilung und Ermächtigung beginnt mit Wissen. Indem Sie lernen, die Anzeichen emotionaler Manipulation zu erkennen und die psychologischen Auswirkungen des narzisstischen Missbrauchszyklus zu verstehen, können Sie beginnen, die Kontrolle über Ihr Leben zurückzugewinnen und sich auf eine gesündere, erfüllte Zukunft vorzubereiten.

KAPITEL 5

Grenzen setzen

Das Setzen von Grenzen ist eines der wirksamsten Werkzeuge, mit denen Sie sich vor Manipulation und emotionalem Missbrauch schützen können, die oft mit einer Beziehung mit einem Narzissten einhergehen. Unabhängig davon, ob der Narzisst ein Partner, ein Familienmitglied, ein Freund oder ein Kollege ist, ist die Festlegung klarer, fester Grenzen für die Aufrechterhaltung Ihres geistigen und emotionalen Wohlbefindens von entscheidender Bedeutung.

Warum Grenzen wichtig sind

Grenzen sind die unsichtbaren Linien, die definieren, wo Ihre Bedürfnisse und Rechte enden und wo die anderer beginnen. Sie sind entscheidend für die Aufrechterhaltung Ihres Selbstwertgefühls und dafür, dass Ihre Bedürfnisse in jeder Beziehung respektiert werden. Im Umgang mit einem Narzissten sind Grenzen nicht nur wichtig – sie sind lebenswichtig. Ohne sie kann ein Narzisst leicht Ihre Grenzen überschreiten und Sie fühlen sich überfordert, kontrolliert und emotional ausgelaugt.

Narzissten leben von der Kontrolle und betrachten Grenzen oft als Bedrohung ihrer Manipulations- und Dominanz Fähigkeit. Sie könnten Ihren Versuch, Grenzen zu setzen, als einen Akt des Trotzes betrachten, als etwas, das herausgefordert oder ignoriert werden sollte. Diese Reaktion kann das Setzen von Grenzen gegenüber einem Narzissten besonders schwierig machen, unterstreicht aber auch, wie notwendig diese sind.

Grenzen dienen mehreren wichtigen Zwecken, um sich vor narzisstischen Missbrauch zu schützen:

1. Wahrung Ihrer Autonomie: Grenzen helfen Ihnen, Ihr Selbstbewusstsein zu bewahren. Sie erinnern sowohl Sie als auch den Narzissten daran, dass Sie ein Individuum mit Ihren eigenen Bedürfnissen, Wünschen und Rechten sind. Dies ist besonders wichtig, da Narzissten oft versuchen, die Grenzen zwischen sich und anderen zu verwischen, in der Erwartung, dass ihre Bedürfnisse jederzeit Vorrang haben.

2. Den Zugriff auf Ihre emotionalen Ressourcen einschränken: Ohne Grenzen kann ein Narzisst Ihre emotionale Energie verbrauchen und Sie erschöpft und verletzlich zurücklassen. Grenzen fungieren als Schutzschild und verhindern, dass der Narzisst uneingeschränkten Zugang zu Ihren Emotionen und Ihrem mentalen Raum hat.

3. Respekt aufbauen: Grenzen sind eine Möglichkeit, Ihr Recht auf respektvollen Umgang geltend zu machen. Indem Sie klare Grenzen dafür setzen, was Sie tolerieren und was nicht, senden Sie ein starkes Signal, dass Sie eine würdevolle Behandlung erwarten und sich nicht misshandeln lassen werden.

4. Manipulation reduzieren: Wenn Sie Grenzen setzen, machen Sie es dem Narzissten schwerer, Sie zu manipulieren. Indem Sie klar sagen, welches Verhalten akzeptabel ist und welches nicht, verringern Sie die Fähigkeit Ihrer Person, Ihre Knöpfe zu drücken und Ihre Emotionen auszunutzen.

Wie Narzissten normalerweise auf Grenzen reagieren

Es ist wichtig zu verstehen, dass Narzissten nicht auf die gleiche Weise auf Grenzen reagieren wie emotional gesunde Menschen. Weil sie sich selbst als überlegen und berechtigt sehen, was immer sie wollen, reagieren sie oft negativ auf jeden Versuch, ihre Kontrolle einzuschränken.

Zu den häufigen Reaktionen, die bei Ihnen auftreten können, gehören:

- **Wut und Wut:** Narzissten werden möglicherweise wütend, wenn Sie Grenzen setzen, und sehen dies als persönlichen Angriff oder als Herausforderung für ihre Autorität. Sie schlagen möglicherweise aus, versuchen, Ihnen Schuldgefühle zu vermitteln, Sie einzuschüchtern oder Ihnen das Gefühl zu geben, egoistisch zu sein, weil Sie Ihre Bedürfnisse geltend machen.

- **Manipulation und Schuldgefühle:** Narzissten sind geschickte Manipulatoren und versuchen möglicherweise, Ihnen ein schlechtes Gewissen einzureden und einen Rückzieher zu machen. Sie spielen möglicherweise das Opfer, beschuldigen Sie, gleichgültig oder unvernünftig zu sein, oder nutzen frühere Gefälligkeiten aus, um Ihnen das Gefühl zu geben, verpflichtet zu sein, ihren Forderungen nachzukommen.

- Die Grenze ignorieren: In manchen Fällen ignoriert ein Narzisst die Grenze einfach völlig und tut so, als ob sie nicht existierte. Sie verhalten sich möglicherweise weiterhin wie immer und hoffen, dass Sie irgendwann nachgeben oder aufhören, die Grenze durchzusetzen.

- Testen Sie Ihre Entschlossenheit: Narzissten testen oft Grenzen aus, um zu sehen, wie fest sie sind. Sie stoßen möglicherweise an Ihre Grenzen und versuchen herauszufinden, ob Sie diese konsequent durchsetzen oder ob sie Sie dazu bringen können, sich ihrem Willen zu beugen.

Trotz dieser Reaktionen ist es wichtig, an seinen Grenzen festzuhalten. Denken Sie daran, dass das Ziel des Setzens von Grenzen nicht darin besteht, das Verhalten des Narzissten zu ändern – was oft unmöglich ist –, sondern sich selbst und Ihr Wohlbefinden zu schützen.

Praktische Strategien zur Grenzsetzung

Das Setzen von Grenzen gegenüber einem Narzissten erfordert sorgfältige Planung, klare Kommunikation und unerschütterliche Entschlossenheit.

Hier ist eine Schritt-für-Schritt-Anleitung, die Ihnen hilft, Grenzen effektiv zu setzen und durchzusetzen:

1. Identifizieren Sie Ihre Grenzen: Beginnen Sie damit, herauszufinden, welche Grenzen Sie setzen müssen. Überlegen Sie, in welchen Bereichen Ihres Lebens das Verhalten des Narzissten den größten Schaden anrichtet. Dazu kann es gehören, die

Häufigkeit, mit der Sie sie sehen, einzuschränken, die Teilnahme an bestimmten Gesprächen zu verweigern oder die Art der Gefälligkeiten, zu denen Sie bereit sind, einzuschränken.

2. Kommunizieren Sie klar und ruhig: Seien Sie bei der Kommunikation Ihrer Grenzen klar, prägnant und ruhig. Vermeiden Sie es, emotional zu werden oder sich auf Streitereien einzulassen. Geben Sie Ihre Grenze in einfachen Worten an und erläutern Sie die Konsequenzen, wenn sie nicht eingehalten wird. Du könntest zum Beispiel sagen: *„Ich bin nicht bereit, dieses Thema weiter zu diskutieren. Wenn Sie fortfahren, muss ich das Gespräch verlassen.“*

3. Reagieren Sie auf Pushback: Erwarten Sie, dass der Narzisst versuchen wird, Ihre Grenzen auszutesten. Seien Sie auf Widerstand vorbereitet und planen Sie, wie Sie reagieren werden. Denken

Sie daran, dass die Reaktion des Narzissten nicht die Gültigkeit Ihrer Grenze widerspiegelt, sondern seinen Wunsch nach Kontrolle.

4. Seien Sie konsequent: Konsistenz ist der Schlüssel zur Durchsetzung von Grenzen. Wenn Sie dem Narzissten erlauben, einmal ohne Konsequenzen eine Grenze zu überschreiten, wird er weiter drängen. Halten Sie an Ihren Grenzen fest, auch wenn es schwierig ist, und ziehen Sie die Konsequenzen, die Sie gesetzt haben, konsequent durch.

5. Üben Sie Selbstfürsorge: Das Setzen und Durchsetzen von Grenzen kann emotional anstrengend sein, insbesondere im Umgang mit einem Narzissten. Stellen Sie sicher, dass Sie während dieses Prozesses der Selbstfürsorge Priorität einräumen. Dazu kann gehören, dass Sie sich Unterstützung von einem Therapeuten suchen,

Zeit mit unterstützenden Freunden verbringen oder sich an Aktivitäten beteiligen, die Ihnen Freude und Entspannung bringen.

6. Wissen Sie, wann Sie weggehen müssen: In manchen Fällen kann das Verhalten des Narzissten so giftig sein, dass die einzige Möglichkeit, sich zu schützen, darin besteht, die Beziehung vollständig zu verlassen. Dies ist eine schwierige Entscheidung, aber manchmal ist es notwendig, Ihre geistige und emotionale Gesundheit zu schützen. Vertrauen Sie Ihrem Instinkt und tun Sie, was für Sie am besten ist.

Skripte und Beispiele für den Umgang mit schwierigen Gesprächen

Wenn Sie ein paar Skripte im Kopf haben, können Sie schwierige Gespräche mit einem Narzissten leichter bewältigen. Hier sind einige Beispiele, wie Sie Ihre Grenzen durchsetzen können:

- **Grenze: Kontakt einschränken**: *„Ich brauche jetzt etwas Platz und kann Ihre Anrufe nicht so häufig beantworten. Ich melde mich, wenn ich zum Gespräch bereit bin. "*

- **Grenze: Weigerung, sich auf Argumente einzulassen**: *„Ich bin nicht bereit, darüber zu streiten. "Wenn wir es nicht in Ruhe besprechen können, verlasse ich das Gespräch. "*

- **Grenze: Rückläufige Anfragen**: *„Da kann ich Ihnen im Moment nicht weiterhelfen. Ich konzentriere mich auf meine eigenen Prioritäten und kann keine zusätzlichen Verantwortungen übernehmen. "*

- **Grenze: Manipulation beenden:** *„Ich schätze es nicht, schuldig gemacht oder unter Druck gesetzt zu werden. Wenn Sie weiterhin versuchen, mich zu manipulieren, muss ich mich von diesem Gespräch distanzieren."*

Diese Skripte können Ihnen dabei helfen, die Kontrolle über das Gespräch zu behalten und Ihre Grenzen durchzusetzen, ohne in die Spiele des Narzissten hineingezogen zu werden.

Grenzen gegenüber einem Narzissten zu setzen ist nicht einfach, aber es ist einer der wirksamsten Schritte, die Sie unternehmen können, um sich selbst zu schützen. Indem Sie verstehen, warum Grenzen wichtig sind, und lernen, wie Sie sie effektiv setzen, können Sie beginnen, die Kontrolle über Ihr Leben zurückzugewinnen und die Auswirkungen des Verhaltens des Narzissten auf Ihr Wohlbefinden zu verringern. Denken Sie daran, dass Sie das Recht haben, Ihre geistige und emotionale Gesundheit zu schützen, und dass das Setzen von Grenzen ein entscheidender Teil dieses Prozesses ist. Bleiben Sie auf dieser Reise stark, bleiben Sie konsequent und stellen Sie stets Ihr eigenes Wohlbefinden in den Vordergrund.

KAPITEL 6

Abtrennen und Auskuppeln

Eine Beziehung mit einem Narzissten zu beenden, ist eine der herausforderndsten und mutigsten Entscheidungen, die Sie treffen können. Es ist eine Entscheidung, die nicht nur mentale Stärke erfordert, sondern auch ein tiefes Verständnis dafür, wann und wie man weggeht. In diesem Kapitel werden wir den Prozess der Distanzierung und Loslösung von einem Narzissten untersuchen. Wir zeigen Ihnen, wie Sie erkennen, wann eine Beziehung zu toxisch ist, um sie zu retten, und stellen Ihnen praktische Strategien zur sicheren und effektiven Beendigung der Beziehung vor, während Sie gleichzeitig Ihre geistige Gesundheit schützen.

Wann man weggehen sollte

In jeder Beziehung mit einem Narzissten gibt es einen Moment, in dem einem klar wird, dass sich die Dinge nicht ändern werden. Ganz gleich, wie sehr Sie versucht haben, Grenzen zu setzen, Ihre Bedürfnisse zu kommunizieren oder sogar Hilfe von außen in Anspruch zu nehmen, der Kreislauf aus Manipulation und Missbrauch geht weiter. Es ist entscheidend, diesen Moment zu erkennen, aber noch wichtiger ist es, darauf zu reagieren.

Sich von einem Narzissten zu lösen, kann sich anfühlen, als würde man gleich von einer Klippe ins Unbekannte springen. Die emotionalen Herausforderungen sind immens. Möglicherweise werden Sie von Zweifeln, Schuldgefühlen oder Angst vor den Auswirkungen überschwemmt. NarzisstInnen haben die Möglichkeit, dir das Gefühl zu geben, dass du der Schuldige bist oder dass es katastrophale Folgen haben wird, wenn du sie verlässt. Aber es ist wichtig zu verstehen, dass diese Gefühle Teil der Manipulationstaktiken des Narzissten sind, die darauf abzielen, Sie in der Beziehung gefangen zu halten.

Erkennen der Toxizität

Bevor Sie sich lösen können, müssen Sie erkennen, wann eine Beziehung zu giftig geworden ist, um sie zu retten. Hier sind einige Anzeichen dafür, dass es an der Zeit sein könnte, wegzugehen:

- **Anhaltender emotionaler Missbrauch:** Wenn der Narzisst Sie ständig herabsetzt, Ihnen das Gefühl gibt, wertlos zu sein, oder Sie dazu bringt, Ihre Realität in Frage zu stellen, sind dies klare Anzeichen für emotionalen Missbrauch. Diese Art von Verhalten können Sie nicht ändern, und wenn Sie es aushalten, wird Ihr Selbstwertgefühl nur noch weiter geschwächt.

- **Mangelnder Respekt vor Grenzen:** Wenn Sie Grenzen gesetzt haben und der Narzisst diese ständig ignoriert, ist das ein starkes Zeichen dafür, dass er Sie nicht respektiert. Grenzen sind für jede gesunde Beziehung unerlässlich, und wenn der Narzisst sich weigert, sie zu respektieren, zeigt das mangelnde Rücksichtnahme auf Ihr Wohlergehen.

- **Ständige Manipulation:** Narzissten sind Meistermanipulatoren. Sie nutzen möglicherweise Taktiken wie Schuldgefühle, emotionale Erpressung oder das Spielen des Opfers, um Sie unter Kontrolle zu halten. Wenn Sie feststellen, dass Sie Ihre Entscheidungen ständig hinterfragen oder sich dazu manipuliert fühlen, Dinge zu tun, die Ihnen unangenehm sind, ist das ein Zeichen dafür, dass die Beziehung Ihrer psychischen Gesundheit schadet.

- **Angst vor Vergeltung:** Wenn Sie Angst davor haben, wie der Narzisst reagieren wird, wenn Sie versuchen, die Beziehung zu verlassen oder Ihre Unabhängigkeit zu behaupten, ist das ein Zeichen dafür, dass die Beziehung ungesund ist. Niemand sollte in Angst vor den Reaktionen seines Partners leben oder sich aus Angst in einer Beziehung gefangen fühlen.

Die emotionalen Herausforderungen des Verlassens

Einen Narzissten zu verlassen ist nicht nur eine körperliche Handlung; Es ist eine emotionale Reise. Möglicherweise verspüren Sie ein überwältigendes Schuldgefühl, insbesondere wenn der Narzisst Sie dazu konditioniert hat, zu glauben, dass sein Wohlergehen von Ihnen abhängt. Möglicherweise haben Sie auch Angst vor dem Alleinsein oder machen sich Sorgen über die sozialen und finanziellen Auswirkungen eines Weggangs. Diese

Emotionen sind berechtigt, aber es ist wichtig, sich daran zu erinnern, dass sie Teil der Manipulation sind, der Sie ausgesetzt waren.

Einer der schwierigsten Aspekte beim Verlassen eines Narzissten ist der Umgang mit der psychologischen Macht, die er über einen ausübt. Narzissten nutzen oft Taktiken wie „Love Bombing" (Sie werden mit Zuneigung und dem Versprechen einer Veränderung überschüttet), um Sie gerade dann wieder anzuziehen, wenn Sie bereit sind zu gehen. Es ist wichtig, diese Taktiken als das zu erkennen, was sie sind: Versuche, die Kontrolle zurückzugewinnen und Sie im Teufelskreis des Missbrauchs zu halten.

Strategien zum Rückzug

Sobald Sie erkannt haben, dass es Zeit ist zu gehen, besteht der nächste Schritt darin, sich sicher und effektiv zu lösen. Sich von einem Narzissten zu lösen, erfordert sorgfältige Planung, Unterstützung und die Verpflichtung, Ihre geistige Gesundheit zu schützen.

Hier sind einige praktische Tipps, die Ihnen durch den Prozess helfen:

1. Machen Sie einen Plan

Machen Sie vor Ihrer Abreise einen detaillierten Plan. Dazu kann die Sicherung einer Unterkunft, die Gewährleistung der finanziellen Stabilität und das Sammeln wichtiger Dokumente gehören. Wenn Sie Finanzen oder Eigentum mit dem Narzissten teilen, sollten Sie darüber nachdenken, rechtlichen Rat einzuholen, um Ihre Rechte und Möglichkeiten zu verstehen.

2. Minimieren Sie den Kontakt

Sobald Sie die Entscheidung getroffen haben, zu gehen, minimieren Sie den Kontakt mit dem Narzissten so weit wie möglich. Dies kann bedeuten, dass Sie ihre Nummer sperren, ihnen nicht mehr folgen oder sie in den sozialen Medien blockieren und Orte meiden, an denen Sie ihnen begegnen könnten. Wenn Sie ein gewisses Maß an Kontakt aufrechterhalten müssen (z. B. wenn Sie gemeinsame Kinder haben), halten Sie die Kommunikation kurz, sachlich und konzentrieren Sie sich auf die Logistik.

3. Setzen Sie klare Grenzen

Wenn Sie den Kontakt nicht vollständig abbrechen können, ist es wichtig, klare Grenzen zu setzen und durchzusetzen. Lassen Sie den Narzissten wissen, welche Kommunikationsformen akzeptabel und welche Themen tabu sind. Beispielsweise könnten Sie beschließen, dass Sie nur Themen im Zusammenhang mit gemeinsamen Verantwortlichkeiten besprechen (z. B. gemeinsame Erziehung) und dass persönliche oder emotionale Gespräche vom Tisch sind.

4. Suchen Sie Unterstützung

Einen Narzissten zu verlassen ist emotional anstrengend und Sie müssen das nicht alleine tun. Suchen Sie Unterstützung bei vertrauenswürdigen Freunden, Familienmitgliedern oder einem Therapeuten. Ein Unterstützungsnetzwerk kann emotionalen Rückhalt bieten, Ihnen helfen, stark zu bleiben und Sie daran zu erinnern, warum Sie diese Entscheidung treffen, wenn Zweifel aufkommen.

5. Konzentrieren Sie sich auf Ihre Heilung

Sich von einem Narzissten zu lösen, ist nur der Anfang Ihrer Reise. Nach Ihrer Abreise ist es wichtig, sich auf Ihre Heilung und den Wiederaufbau Ihres Selbstbewusstseins zu konzentrieren. Dazu können Therapie, Selbstpflegepraktiken und die Umgebung mit positiven Einflüssen gehören. Denken Sie daran, dass das Ziel nicht nur darin besteht, dem Narzissten zu entkommen, sondern auch darin, Ihr Leben

zurückzugewinnen und ein neues Kapitel voller
gesunder, erfüllender Beziehungen zu beginnen.

6. Bereiten Sie sich auf eine Gegenreaktion vor

Narzissten empfinden es oft nicht gut, wenn man sie
verlässt. Sie könnten versuchen, sich zu rächen, sei
es durch emotionale Manipulation, die Verbreitung
von Gerüchten oder noch direktere Formen der
Belästigung. Seien Sie auf diese Möglichkeit
vorbereitet und haben Sie einen Plan, um sich zu
schützen. Dazu kann es gehören, Interaktionen zu
dokumentieren, rechtlichen Schutz zu suchen oder
bei Bedarf die Strafverfolgungsbehörden
einzubeziehen.

7. Bleiben Sie entschlossen

Eines der wichtigsten Dinge, an die Sie sich erinnern
sollten, ist, bei Ihrer Entscheidung entschlossen zu
bleiben. Narzissten sind Experten darin, Sie wieder
in den Bann zu ziehen, oft mit Schuldgefühlen,

Versprechen auf Veränderung oder sogar Drohungen. Aber es ist wichtig, sich daran zu erinnern, warum Sie sich überhaupt entschieden haben, zu gehen. Führen Sie ein Tagebuch, sprechen Sie mit Ihrem Support-Netzwerk und erinnern Sie sich an die Gründe, warum Sie sich für den Rückzug entscheiden.

So minimieren Sie den Kontakt und schützen Ihre psychische Gesundheit

Um Ihre geistige Gesundheit zu schützen, ist es wichtig, den Kontakt mit einem Narzissten zu minimieren. Selbst nachdem Sie die Beziehung verlassen haben, versucht der Narzisst möglicherweise, den Kontakt wiederherzustellen, entweder um Sie wieder in den Bann zu ziehen oder um weiterhin die Kontrolle über Sie auszuüben. Hier sind einige Möglichkeiten, sich zu schützen:

- Verwenden Sie die „Gray Rock"-Methode:
Wenn Sie mit dem Narzissten interagieren müssen,
halten Sie Ihre Antworten so neutral und
uninteressant wie möglich. Das Ziel besteht darin,
sich langweilig und reaktionslos wie ein grauer Stein
zu machen. Diese Methode kann dazu beitragen, das
Interesse des Narzissten an einer Interaktion mit
Ihnen zu verringern.

- Üben Sie Selbstfürsorge: Die Sorge um Ihre
geistige Gesundheit sollte Ihre oberste Priorität sein.
Nehmen Sie an Aktivitäten teil, die Ihnen ein gutes
Gefühl geben, egal ob Sie Zeit mit Ihren Lieben
verbringen, Hobbys nachgehen oder sich einfach
Zeit zum Entspannen und Auftanken nehmen.

- Suchen Sie professionelle Hilfe: Eine Therapie
kann ein unschätzbares Hilfsmittel sein, um Ihre
Emotionen zu verarbeiten und Strategien für die
weitere Entwicklung zu entwickeln. Ein Therapeut

kann Ihnen auch dabei helfen, eventuelle anhaltende Traumata aus der Beziehung zu bewältigen.

- **Vermeiden Sie Auslöser:** Identifizieren und vermeiden Sie Situationen oder Personen, die Erinnerungen an den Narzissten wecken oder Sie für seinen Einfluss anfällig machen könnten. Dies kann bedeuten, dass Sie den Kontakt zu gemeinsamen Freunden abbrechen oder Orte meiden, die Sie früher gemeinsam besucht haben.

Sich von einem Narzissten zu lösen, ist ein wirkungsvoller Akt der Selbsterhaltung. Es ist nicht einfach und die emotionalen Herausforderungen können überwältigend sein, aber es ist ein notwendiger Schritt, um Ihr Leben zurückzugewinnen und Ihr Wohlbefinden zu schützen.

Wenn Sie erkennen, wann Sie aufhören sollten, einen soliden Plan erstellen und praktische Strategien zum Ausstieg umsetzen, können Sie aus dem Teufelskreis der Manipulation ausbrechen und mit dem Aufbau einer gesünderen, glücklicheren Zukunft beginnen. Denken Sie daran, dass Sie es verdienen, mit Respekt behandelt zu werden, und dass Sie das Recht haben, Grenzen zu setzen, die Ihre geistige und emotionale Gesundheit schützen. Bleiben Sie stark, bleiben Sie konzentriert und gehen Sie Schritt für Schritt der Freiheit und dem Frieden entgegen, die Sie verdienen.

TEIL III

Heilung und Wiederaufbau

KAPITEL 7

Der Weg zur Genesung

Wenn Sie in eine Beziehung mit einem Narzissten verwickelt sind, können sich die Folgen wie ein Wirbelsturm aus Verwirrung, Schmerz und Orientierungslosigkeit anfühlen. Der Weg zur Genesung ist weder einfach noch schnell, aber er ist wichtig, um Ihr Selbstbewusstsein zurückzugewinnen und voranzukommen.

Den Schaden anerkennen

Der erste Schritt zur Genesung besteht darin, das volle Ausmaß des vom Narzissten verursachten Schadens zu erkennen. Dabei geht es nicht nur darum, zu verstehen, was auf oberflächlicher Ebene passiert ist; Es geht darum, tief in die emotionalen und psychologischen Auswirkungen einzutauchen, die die Beziehung auf Sie hatte. Die Narben, die ein

Narzisst hinterlässt, sind tief und beeinträchtigen oft Ihr Selbstwertgefühl, Ihr Vertrauen in andere und sogar Ihre Wahrnehmung der Realität.

Emotionale Narben erkennen

Es ist wichtig anzuerkennen, dass der Schmerz, den Sie empfinden, real und berechtigt ist. Narzissten haben die Möglichkeit, den Schaden, den sie anrichten, zu minimieren oder abzutun, was Ihnen oft das Gefühl gibt, überreagiert oder zu empfindlich zu sein. Aber die emotionalen Narben, die sie hinterlassen, können tiefgreifend sein und sich auf verschiedene Weise manifestieren, wie zum Beispiel:

- **Selbstzweifel und Unsicherheit:** Narzissten untergraben Ihr Selbstvertrauen oft durch ständige Kritik, Manipulation und Gaslighting. Möglicherweise stellen Sie Ihren Wert in Frage, zweifeln an Ihren Fähigkeiten oder haben das Gefühl, Ihrem eigenen Urteilsvermögen nicht trauen zu können.

- **Vertrauensprobleme:** Nachdem man den Verrat und die Täuschung eines Narzissten ertragen hat, fällt es einem oft schwer, anderen zu vertrauen. Möglicherweise fällt es Ihnen schwer zu glauben, dass sich jemand wirklich um Sie kümmert, oder Sie haben Angst, dass Sie erneut verletzt werden.

- **Emotionale Taubheit:** Einige Überlebende narzisstischen Missbrauchs werden als Abwehrmechanismus emotional taub. Dies kann es schwierig machen, sich mit seinen positiven und negativen Gefühlen auseinanderzusetzen, und kann ein Gefühl der Distanzierung von sich selbst und anderen hervorrufen.

Den Trauerprozess verstehen

Der Abschied von einer Beziehung mit einem Narzissten ist oft mit einem komplexen Trauerprozess verbunden. Bei dieser Trauer geht es nicht nur um den Verlust der Beziehung selbst, sondern auch darum, um den Verlust der Person zu trauern, für die Sie den Narzissten gehalten haben, um die Zukunft, die Sie sich vorgestellt haben, und um die Teile von Ihnen, die dabei geschwächt wurden oder verloren gingen.

Der Trauerprozess ist zutiefst persönlich und es gibt keinen richtigen oder falschen Weg, ihn zu durchlaufen. Allerdings kann Ihnen das Verständnis, dass Trauer ein natürlicher und notwendiger Teil der Genesung ist, dabei helfen, diese schwierige Zeit zu meistern. Erlauben Sie sich, die ganze Bandbreite an Emotionen zu spüren, die mit Trauer einhergehen – Wut, Traurigkeit, Verwirrung und sogar

Erleichterung. Diese Gefühle sind alle Teil der Heilungsreise.

Schritte zur Heilung

Die Heilung von narzisstischem Missbrauch ist kein linearer Prozess. Es wird Höhen und Tiefen geben, Momente des Fortschritts und Zeiten, in denen Sie das Gefühl haben, festzustecken. Wenn Sie jedoch proaktive Maßnahmen ergreifen, um für Ihr geistiges und emotionales Wohlbefinden zu sorgen, können Sie Ihr Leben schrittweise wieder aufbauen und Ihr Selbstwertgefühl wiederherstellen.

Therapeutische Ansätze zur Heilung

Eine Therapie kann ein unschätzbares Hilfsmittel im Genesungsprozess sein. Ein erfahrener Therapeut kann Ihnen helfen, das erlebte Trauma zu verarbeiten, die zugrunde liegenden Probleme zu erforschen, die Sie für narzisstischen Missbrauch anfällig gemacht haben, und Strategien für den

Neuaufbau Ihres Lebens zu entwickeln. Hier sind einige Therapieansätze, die für Überlebende narzisstischen Missbrauchs besonders wirksam sind:

- **Kognitive Verhaltenstherapie (CBT):** CBT kann Ihnen dabei helfen, die negativen Gedankenmuster, die dem Narzissten innewohnen, zu erkennen und in Frage zu stellen. Wenn Sie diese Muster erkennen, können Sie beginnen, sie durch gesündere, konstruktivere Denkweisen zu ersetzen.

- **Desensibilisierung und Wiederaufbereitung von Augenbewegungen (EMDR):** EMDR ist eine Therapie, die Ihnen helfen kann, traumatische Erlebnisse zu verarbeiten und zu heilen. Es ist besonders wirksam für diejenigen, die über einen längeren Zeitraum emotionalen Missbrauch erlebt haben, da es dabei hilft, die emotionale Ladung schmerzhafter Erinnerungen zu desensibilisieren.

- **Trauma-informierte Therapie:** Dieser Therapieansatz erkennt die Auswirkungen von Traumata auf Ihre psychische Gesundheit und konzentriert sich auf die Schaffung einer sicheren und unterstützenden Umgebung für die Heilung. Ein über Traumata informierter Therapeut wird mit Ihnen zusammenarbeiten, um zu verstehen, wie sich der Missbrauch auf Sie ausgewirkt hat, und Ihnen bei der Entwicklung von Bewältigungsstrategien zur Bewältigung von Auslösern und emotionalem Stress helfen.

Die Rolle der Selbstfürsorge

Selbstfürsorge ist ein wesentlicher Bestandteil des Heilungsprozesses. Nach narzisstischem Missbrauch kommt es häufig vor, dass man sich von seinen Bedürfnissen und Wünschen getrennt fühlt. Sich durch Selbstfürsorge wieder mit sich selbst zu verbinden, kann Ihnen dabei helfen, Ihr Identitäts- und Selbstwertgefühl wieder aufzubauen. Hier sind einige Selbstpflegepraktiken, die Ihre Genesung unterstützen können:

- **Achtsamkeit und Meditation:** Das Praktizieren von Achtsamkeit und Meditation kann Ihnen helfen, im gegenwärtigen Moment geerdet zu bleiben und Ängste abzubauen. Diese Übungen können Ihnen auch dabei helfen, sich wieder mit Ihrem Körper und Ihren Emotionen zu verbinden und ein Gefühl des inneren Friedens zu fördern.

- **Körperliche Aktivität:** Regelmäßige körperliche Aktivität, sei es Yoga, Laufen oder Tanzen, kann Ihre Stimmung verbessern und dabei helfen, aufgestaute Emotionen loszulassen. Bewegung ist auch eine großartige Möglichkeit, Ihr Kraft- und Belastbarkeitsgefühl wieder aufzubauen.

- **Kreativer Ausdruck:** Eine Möglichkeit zu finden, sich kreativ auszudrücken, etwa durch Schreiben, Malen oder Musizieren, kann eine wirksame Möglichkeit sein, Ihre Gefühle zu verarbeiten und Ihre Geschichte zu erzählen. Kreativität kann Ihnen dabei helfen, Ihre Stimme zurückzugewinnen und die Teile von Ihnen auszudrücken, die der Narzisst zum Schweigen gebracht hat.

- **Grenzen setzen:** Während Sie heilen, ist es wichtig, weiterhin Grenzen zu setzen und durchzusetzen, sowohl gegenüber dem Narzissten (sofern er noch in Ihrem Leben ist) als auch gegenüber anderen. Grenzen schützen Ihr emotionales Wohlbefinden und helfen Ihnen, gesunde Beziehungen aufzubauen.

Die Bedeutung von Selbsthilfegruppen

Der Kontakt zu anderen, die ähnliche Erfahrungen gemacht haben, kann unglaublich heilsam sein. Selbsthilfegruppen für Überlebende narzisstischen Missbrauchs bieten einen sicheren Raum, um Ihre Geschichte zu teilen, Bestätigung zu erhalten und von anderen zu lernen, deren Genesung weiter fortgeschritten ist. Diese Gruppen können auch praktische Ratschläge und Ressourcen anbieten, damit Sie sich auf Ihrem Heilungsweg weniger isoliert und gestärkt fühlen.

Selbsthilfegruppen gibt es sowohl online als auch persönlich und in verschiedenen Formen, von formellen Therapiegruppen bis hin zu informellen, von Gleichaltrigen geleiteten Treffen. Wenn Sie eine Gruppe finden, die bei Ihnen ankommt, kann dies die dringend benötigte emotionale Unterstützung bieten und Ihnen helfen, ein Netzwerk aus verständnisvollen und mitfühlenden Menschen aufzubauen.

Vorwärts gehen

Während Sie Ihren Weg der Genesung fortsetzen, ist es wichtig, geduldig mit sich selbst zu sein und zu erkennen, dass Heilung eine Reise und kein Ziel ist. Es wird Tage geben, an denen Sie sich stark und belastbar fühlen, und Tage, an denen sich die Last der Vergangenheit überwältigend anfühlt. Beides sind normale Teile des Prozesses.

Denken Sie daran, dass es bei der Genesung nicht nur darum geht, vom Narzissten wegzukommen; Es geht darum, wiederzuentdecken, wer du bist, und dein Leben zurückzugewinnen. Es geht darum,

Freude, Frieden und Erfüllung zu Ihren eigenen Bedingungen zu finden, frei vom Einfluss des Narzissten. Diese Reise wird Zeit, Mühe und Mut erfordern, aber letztendlich wird sie Sie an einen Ort der Ermächtigung und Selbstliebe führen.

Indem Sie den Schaden anerkennen, die Schritte zur Heilung annehmen und die Unterstützung suchen, die Sie brauchen, können Sie den Schmerz des narzisstischen Missbrauchs überwinden und eine bessere, gesündere Zukunft aufbauen.

Der Weg zur Genesung mag lang sein, aber jeder Schritt, den Sie gehen, bringt Sie dem Leben näher, das Sie verdienen – einem Leben voller Authentizität, Freude und der Freiheit, Ihr wahres Selbst zu sein.

KAPITEL 8

Wiederaufbau Ihres Selbstwertgefühls

Aus dem Schatten des narzisstischen Missbrauchs hervorzutreten, kann sich anfühlen, als würde man nach Jahren im Dunkeln ans Licht treten. Die Reise ist sowohl entmutigend als auch aufregend, wenn Sie beginnen, die Teile Ihres Selbst zurückzugewinnen, die unter der Last der Manipulation und Kontrolle begraben waren. In diesem Kapitel geht es darum, Ihr wahres Selbst wiederzuentdecken, Ihr Selbstwertgefühl wiederherzustellen und das Leben anzunehmen, das Sie verdienen.

Wiederherstellung Ihres Selbstbewusstseins

Nachdem man den emotionalen und psychologischen Krieg einer narzisstischen Beziehung durchgemacht hat, kommt es häufig vor, dass man sich wie eine Hülle seines früheren Selbst fühlt. Ständige Kritik, Kritik und Manipulation können Ihr Selbstvertrauen schwächen und dazu führen, dass Sie Ihren Wert und Ihre Fähigkeiten in Frage stellen. Aber hier ist die Wahrheit: Die Person, die Sie vor dem Missbrauch waren, die Person voller Potenzial und Stärke, ist immer noch in Ihnen. Um Ihr Selbstwertgefühl wiederherzustellen, müssen Sie sich wieder mit dieser Person verbinden und Ihr Selbstwertgefühl stärken.

Techniken zur Wiederherstellung des Selbstvertrauens und des Selbstwertgefühls

Der Wiederaufbau des Selbstvertrauens und des Selbstwertgefühls nach narzisstischem Missbrauch erfordert Geduld und bewusste Anstrengung. Hier sind einige Techniken, die Ihnen auf dieser Reise helfen:

1. Bestätigen Sie Ihren Wert: Beginnen Sie damit, Ihren inneren Wert anzuerkennen. Du bist der Liebe, des Respekts und des Glücks würdig, einfach weil du existierst. Üben Sie täglich Affirmationen, die diesen Glauben stärken. Schauen Sie zum Beispiel jeden Morgen in den Spiegel und sagen Sie: *„Ich bin genug. Ich verdiene es, mit Freundlichkeit und Respekt behandelt zu werden."* Diese einfachen Affirmationen können die Art und Weise, wie Sie sich selbst sehen, nach und nach verändern.

2. Setzen Sie sich kleine, erreichbare Ziele: Der Wiederaufbau des Selbstvertrauens beginnt oft mit kleinen Siegen. Setzen Sie sich realistische, erreichbare Ziele, die Ihnen regelmäßige Erfolgserlebnisse ermöglichen. Egal, ob Sie eine Aufgabe bei der Arbeit erledigen, ein neues Hobby ausprobieren oder sich an sozialen Aktivitäten beteiligen – jede Leistung wird Ihnen dabei helfen, wieder Vertrauen in Ihre Fähigkeiten zu gewinnen.

3. Feiern Sie Ihre Stärken: Nehmen Sie sich Zeit, über Ihre großen und kleinen Stärken und Erfolge nachzudenken. Erstellen Sie eine Liste der Dinge, auf die Sie stolz sind – Qualitäten, Fähigkeiten und Erfolge, die Sie ausmachen. Wenn sich Selbstzweifel einschleichen, schauen Sie sich diese Liste noch einmal an, um sich an Ihre Belastbarkeit und Leistungsfähigkeit zu erinnern.

4. Umgeben Sie sich mit positiven Einflüssen: Die Menschen, mit denen Sie Zeit verbringen, können Ihr Selbstwertgefühl stark beeinflussen. Suchen Sie nach Freunden, Familie und Gemeinschaften, die Sie ermutigen und unterstützen. Diese positiven Einflüsse können dazu beitragen, den negativen Botschaften entgegenzuwirken, die Sie vom Narzissten verinnerlicht haben.

5. Übe Selbstmitgefühl: Seien Sie freundlich zu sich selbst, während Sie heilen. Verstehen Sie, dass Genesung ein Prozess mit Höhen und Tiefen ist. Wenn Sie stolpern oder einen Rückschlag erleiden, behandeln Sie sich selbst mit dem gleichen Mitgefühl, das Sie einem Freund entgegenbringen würden. Denken Sie daran, es ist in Ordnung, nicht immer in Ordnung zu sein.

Die Bedeutung von Selbstmitgefühl und positivem Selbstgespräch

Eine der heimtückischsten Auswirkungen narzisstischen Missbrauchs ist die Art und Weise, wie er Ihren inneren Dialog verzerrt. Möglicherweise haben Sie die Kritik des Narzissten verinnerlicht, was zu einer harten und kritischen inneren Stimme geführt hat. Um Ihr Selbstwertgefühl wiederherzustellen, ist es wichtig, diese Erzählung neu zu schreiben.

1. Fordern Sie negative Selbstgespräche heraus: Wenn Sie sich dabei ertappen, negative Gedanken zu haben, fordern Sie sie heraus. Fragen Sie sich, *„Ist dieser Gedanke wahr? Ist er hilfreich?“* Ersetzen Sie negative Gedanken durch positive Affirmationen, die Ihren wahren Wert widerspiegeln.

2. Achtsamkeit üben: Achtsamkeit kann Ihnen helfen, sich Ihrer Gedanken und Gefühle bewusster zu werden, ohne zu urteilen. Indem Sie Ihren inneren Dialog aus einem mitfühlenden Blickwinkel beobachten, können Sie beginnen, sich von negativen Mustern zu befreien und eine positivere Beziehung zu sich selbst aufzubauen.

3. Akzeptieren Sie die Unvollkommenheit: Perfektionismus entsteht oft aus der Angst, nicht gut genug zu sein. Verstehen Sie, dass Menschsein bedeutet, Fehler zu machen und Fehler zu haben. Akzeptieren Sie Ihre Unvollkommenheiten als Teil dessen, was Sie einzigartig und liebenswert macht.

Ein neues Leben schaffen

Die Wiederherstellung Ihres Selbstwertgefühls ist die Grundlage für die Schaffung eines neuen Lebens – eines, das gesund, erfüllend und frei von der Giftigkeit der Vergangenheit ist. Während Sie heilen, haben Sie die Möglichkeit, neu zu definieren, was Sie vom Leben erwarten, und Beziehungen aufzubauen, die auf gegenseitigem Respekt und Liebe basieren.

Wie Sie vorankommen und gesunde, erfüllende Beziehungen aufbauen

Um nach narzisstischem Missbrauch voranzukommen, gehört mehr als nur das Hinterlassen der Vergangenheit; Es geht darum, aktiv eine Zukunft zu gestalten, die Ihren Werten und Wünschen entspricht. So fangen Sie an:

1. **Definieren Sie Ihre Grenzen:** Grenzen sind für gesunde Beziehungen unerlässlich. Nehmen Sie sich Zeit, darüber nachzudenken, was Sie brauchen, um sich im Umgang mit anderen sicher und respektiert zu fühlen. Machen Sie sich Ihre Grenzen klar und haben Sie keine Angst, diese durchzusetzen. Denken Sie daran, dass es bei Grenzen nicht darum geht,

Menschen fernzuhalten, sondern darum, Ihr Wohlbefinden zu schützen.

2. Verfolgen Sie Ihre Leidenschaften: Verbinde dich wieder mit den Aktivitäten und Interessen, die dir Freude bereiten. Ganz gleich, ob es sich um ein Hobby, ein Karriereziel oder eine kreative Tätigkeit handelt: Wenn Sie Zeit in das investieren, was Sie lieben, können Sie Ihren Sinn für Sinn und Erfüllung wiederentdecken.

3. Bauen Sie unterstützende Beziehungen auf: Suchen Sie nach Beziehungen, die auf Gegenseitigkeit beruhen und nähren. Umgeben Sie sich mit Menschen, die Ihre Grenzen respektieren, Ihre Erfolge feiern und Sie in Zeiten der Not unterstützen. Diese Beziehungen werden dazu beitragen, Ihr Selbstwertgefühl zu stärken und eine solide Grundlage für Ihr neues Leben zu schaffen.

4. Übe Selbstliebe: Üben Sie im weiteren Verlauf weiterhin Selbstliebe. Das bedeutet, Entscheidungen zu treffen, die Ihr Wohlbefinden in den Vordergrund stellen, Ihre Bedürfnisse berücksichtigen und sich selbst mit der Freundlichkeit und dem Respekt behandeln, die Sie verdienen.

Tipps, um nach einer toxischen Beziehung Freude und Sinn zu finden

Nach einer toxischen Beziehung Freude und Sinn zu finden, mag wie eine entmutigende Aufgabe erscheinen, aber es ist mit Zeit und bewusster Anstrengung möglich. Hier sind einige Tipps, die Ihnen als Orientierung dienen sollen:

1. Entdecken Sie neue Interessen: Probieren Sie neue Aktivitäten aus, die Sie herausfordern und begeistern. Ganz gleich, ob Sie an einem Kurs teilnehmen, an einen neuen Ort reisen oder sich ehrenamtlich engagieren: Das Verlassen Ihrer

Komfortzone kann Ihnen neue Möglichkeiten eröffnen und Ihnen dabei helfen, neue Leidenschaften zu entdecken.

2. Konzentrieren Sie sich auf persönliches Wachstum: Nutzen Sie diese Zeit, um in Ihr persönliches Wachstum zu investieren. Lesen Sie Bücher, besuchen Sie Workshops oder arbeiten Sie mit einem Coach oder Therapeuten zusammen, um Bereiche Ihres Lebens zu erkunden, die Sie verbessern möchten. Persönliches Wachstum ist eine Reise, die zu mehr Selbstbewusstsein und Erfüllung führen kann.

3. Feiern Sie kleine Erfolge: Feiern Sie Ihre Fortschritte, während Sie auf die Schaffung eines neuen Lebens hinarbeiten. Jeder Schritt vorwärts, egal wie klein, ist ein Sieg. Erkennen Sie Ihre Bemühungen an und seien Sie stolz auf die

Belastbarkeit und Stärke, die Sie beim Wiederaufbau Ihres Lebens gezeigt haben.

4. Kultivieren Sie Dankbarkeit: Das Üben von Dankbarkeit kann Ihren Fokus von dem, was fehlt, auf das verlagern, was in Ihrem Leben reichlich vorhanden ist. Nehmen Sie sich jeden Tag Zeit, über die Dinge nachzudenken, für die Sie dankbar sind, sei es ein unterstützender Freund, ein wunderschöner Sonnenuntergang oder eine persönliche Leistung. Dankbarkeit kann Ihnen helfen, im gegenwärtigen Moment Freude zu finden und eine positive Lebenseinstellung zu entwickeln.

Mit Hoffnung vorwärts gehen

Die Wiederherstellung Ihres Selbstwertgefühls und die Schaffung eines neuen Lebens nach narzisstischem Missbrauch ist ein kraftvoller Akt der Selbstliebe und Widerstandsfähigkeit. Es geht darum, Ihre Identität zurückzugewinnen, Ihre Leidenschaften wiederzuentdecken und eine Zukunft zu gestalten, die Ihren wahren Wert widerspiegelt. Denken Sie auf dieser Reise daran, dass es bei der Heilung nicht nur darum geht, sich von der Vergangenheit zu lösen – es geht darum, sich dem Leben zuzuwenden, das Sie immer verdient haben.

Mit jedem Schritt nach vorne heilen Sie nicht nur die Wunden der Vergangenheit, sondern legen auch den Grundstein für eine bessere, erfülltere Zukunft. Diese Reise mag eine Herausforderung sein, aber sie ist auch eine Gelegenheit, Ihre Stärke wiederzuentdecken, Ihr Potenzial auszuschöpfen und ein Leben zu führen, das authentisch Ihnen gehört.

TEIL IV

Über den Narzissmus hinaus gedeihen

KAPITEL 9

Beziehungen neu definieren

Wie in den ersten Kapiteln dieses Buches kurz über Taras Beziehung erzählt. Genauer gesagt hatte sie sich danach endlich aus einer Beziehung befreit, die sie jahrelang beschäftigt hatte – einer Beziehung mit einem Mann, der zunächst in jeder Hinsicht perfekt gewirkt hatte. Doch als sich die Jahreszeiten änderten, veränderte sich auch er und enthüllte die toxischen Muster, die sie emotional ausgelaugt hatten und ihren eigenen Wert in Frage stellten.

Als sie im Café saß, wurde Tara klar, dass sie an der Schwelle zu einem Neuanfang stand. Die Frage war: Wie konnte sie sicherstellen, dass ihre nächsten Beziehungen anders sein würden? Wie konnte sie Verbindungen aufbauen, die ihr Auftrieb gaben, statt sie zu schwächen?

Aufbau gesunder Verbindungen

Taras Reise zum Wiederaufbau ihres Lebens begann mit einem tiefen Verständnis dafür, wie eine gesunde Beziehung wirklich aussieht. Sie erinnerte sich an die ersten Tage mit ihrem Ex, als sein Charme berauschend gewesen war. Aber Charme allein reichte nicht aus, erkannte sie. Eine gesunde Beziehung musste auf der Grundlage gegenseitigen Respekts, Vertrauens und Empathie aufgebaut werden – Eigenschaften, die ihr in ihrer vorherigen Beziehung schmerzlich gefehlt hatten.

Während sie über diese Eigenschaften nachdachte, dachte Tara an ihre beste Freundin Emily. Sie kannten sich seit ihrer Kindheit und ihre Freundschaft hatte durch dick und dünn gehalten. Was es so besonders machte, überlegte Tara, war die Art und Weise, wie sie die Grenzen des anderen respektierten und sich gegenseitig in ihrer

Entwicklung unterstützten. Es gab keinen Machtkampf, keinen Bedarf an Manipulation oder Kontrolle. Ihre Beziehung basierte auf einer echten Fürsorge für das gegenseitige Wohlergehen.

Es war diese Art von Beziehung, die Tara nun in allen Bereichen ihres Lebens pflegen wollte. Ob mit einem romantischen Partner, einem Familienmitglied oder einem Kollegen, sie wusste, dass sie wachsam sein musste, um die Anzeichen einer toxischen Dynamik zu erkennen. Sie hatte auf die harte Tour gelernt, dass nicht jedem, der in ihr Leben trat, ihr Wohl am Herzen lag. Aber sie wusste auch, dass sie nicht mehr dieselbe Person war, die sich einst manipulieren und kontrollieren ließ.

In den Monaten nach ihrer Trennung begann Tara, mehr darauf zu achten, welche Gefühle die Menschen in ihr auslösten. Haben sie sie emporgehoben oder haben sie ihr Energie geraubt?

Respektierten sie ihre Grenzen oder drängten sie sie, sich ihrem Willen zu beugen? Diese Fragen wurden zu ihrem Kompass und leiteten sie bei der Bewältigung neuer Beziehungen. Sie erkannte, dass es nicht nur darum ging, giftige Menschen zu meiden; Es ging auch darum, aktiv nach Menschen zu suchen, die die Eigenschaften Vertrauen, Empathie und Respekt verkörpern.

Eines Abends lernte Tara jemanden neuen kennen – David, jemanden, der auch einmal unter einem narzisstischen Kerl gearbeitet hat. Er musste gehen, um ein besseres Arbeitsumfeld zu finden. Glücklicherweise waren David und Tara Kollegen an seinem neuen Arbeitsplatz. David, der sie immer mit Freundlichkeit und Respekt behandelt hatte. Sie begannen als Freunde, tauschten Kaffeepausen und unterhielten sich über alles, von Arbeitsprojekten bis hin zu ihren Lieblingsbüchern und früheren Erfahrungen. Es gab keine Eile, keinen Druck, aus ihrer Freundschaft etwas mehr zu machen. Zum ersten Mal seit langer Zeit fühlte sich Tara sicher. Sie fühlte sich gesehen und wertgeschätzt als das, was sie war, und nicht als das, was jemand anderes von ihr wollte.

Als sich ihre Freundschaft vertiefte, öffnete sich Tara auf eine Weise, die ihr vorher nicht möglich gewesen wäre. Sie teilte ihre Erfahrungen, ihre Ängste und ihre Hoffnungen für die Zukunft. Und im Gegenzug hörte David zu – wirklich zu. Es gab kein Urteil, keinen Versuch, sie zu reparieren oder zu jemand anderem zu formen. Stattdessen bot er ihr Unterstützung, Ermutigung und vor allem Respekt für ihre Grenzen an.

Durch diese Beziehung hat Tara eine wertvolle Lektion gelernt: dass gesunde Verbindungen nicht nur möglich, sondern auch für Heilung und Wachstum unerlässlich sind. Sie erkannte, dass sie selbst entscheiden konnte, wen sie in ihr Leben ließ, und dass sie Beziehungen aufbauen konnte, die auf den Prinzipien basierten, die ihr am wichtigsten waren.

Die Kraft der Vergebung

Während Tara ihr Leben weiter aufbaute, musste sie sich mit einer letzten Herausforderung auseinandersetzen: Vergebung. Es war ein Wort, das schon immer voller Komplexität zu sein schien. Wie konnte sie jemandem vergeben, der ihr so viel Schmerz zugefügt hatte? Und bedeutete Vergebung, den Schmerz zu vergessen und dieser Person die Rückkehr in ihr Leben zu ermöglichen?

Wochenlang kämpfte Tara mit diesen Fragen. Sie wusste, dass es ihr nur schadete, an Wut und Groll festzuhalten, aber die Idee, ihrem Ex zu vergeben, schien unmöglich. Erst als sie eine Selbsthilfegruppe für Überlebende narzisstischen Missbrauchs besuchte, begann sie, Vergebung in einem neuen Licht zu sehen.

Während einer Sitzung erzählte eine Mitüberlebende ihre Geschichte, wie sie dazu gekommen war, ihrem Täter zu vergeben – nicht weil er es verdiente, sondern weil sie Frieden verdiente. Sie erklärte, dass es bei der Vergebung nicht darum gehe, das Verhalten zu entschuldigen oder sich mit der Person zu versöhnen, die sie verletzt habe. Es ging darum, den Einfluss der Vergangenheit auf sie loszulassen und sich dafür zu entscheiden, weiterzumachen, ohne dass die Last der Wut sie nach unten zog.

Diese Perspektive fand bei Tara großen Anklang. Sie erkannte, dass es bei der Vergebung nicht um ihn ging; es ging um sie. Es ging darum, ihre Macht zurückzugewinnen und sich zu weigern, ihre Zukunft von der Vergangenheit bestimmen zu lassen. Und so begann sie in der Stille ihres eigenen Herzens den Prozess des Loslassens.

Es war nicht einfach und es geschah nicht über Nacht. Es gab Tage, an denen die Wut wieder aufflammte, an denen die Erinnerungen drohten, sie zurück in die Dunkelheit zu ziehen. Aber jedes Mal erinnerte sich Tara daran, dass Vergebung ein Geschenk war, das sie sich selbst machte. Es war der Schlüssel, um die Tür zu ihrem neuen Leben aufzuschließen – ein Leben frei vom Schatten ihrer Vergangenheit.

Im Laufe der Monate stellte Tara fest, dass sich der Griff der Vergangenheit lockerte. Sie fing an, mehr zu lächeln, ohne die Last der Bitterkeit zu lachen. Sie fand Freude an den kleinen Dingen – ein Spaziergang im Park, ein gemeinsames Essen mit Freunden, ein ruhiger Moment der Besinnung. Und mit jedem Tag fühlte sie sich mehr und mehr wie die

Person, die sie immer sein wollte: stark, selbstbewusst und in Frieden.

Letztlich ging es bei Taras Reise nicht nur ums Überleben; es ging ums Gedeihen. Sie hatte gelernt, ihre Beziehungen neu zu definieren und Verbindungen zu wählen, die ihre Seele nährten, anstatt sie auszulaugen. Und sie hatte die Macht der Vergebung entdeckt – nicht als einen Akt der Schwäche, sondern als einen Akt unglaublicher Stärke.

Als sie auf ihre Reise zurückblickte, wusste Tara, dass sie einen langen Weg zurückgelegt hatte. Sie hatte sich der Dunkelheit gestellt und war ins Licht gekommen. Und jetzt, da sie an der Schwelle zu einem neuen Kapitel in ihrem Leben stand, fühlte sie sich bereit, alles anzunehmen, was die Zukunft bereithielt – in dem Wissen, dass sie stärker, weiser und widerstandsfähiger war als je zuvor.

KAPITEL 10

Stärken Sie sich selbst und andere

In den ruhigen Momenten des frühen Morgens dachte Tara oft darüber nach, wie weit sie gekommen war. Die Frau, die sie jetzt war, fühlte sich Welten von der Frau entfernt, die einst im Netz narzisstischer Manipulation gefangen gewesen war. Sie hatte hart gekämpft, um ihr Leben zurückzugewinnen, und dabei hatte sie eine Stärke entdeckt, von der sie nie wusste, dass sie sie hatte. Doch als sie über den Horizont blickte, wurde Tara klar, dass es auf ihrer Reise nicht nur um ihre eigene Heilung ging, sondern um etwas viel Größeres. Es ging darum, ihre Erfahrung zu nutzen, um andere zu stärken und sicherzustellen, dass niemand sonst das ertragen musste, was sie erlebte. Es ging darum, ein Fürsprecher zu werden.

Anwalt werden

Tara: Ich wusste, dass es unzählige andere gab, die immer noch in toxischen Beziehungen verstrickt waren und Schwierigkeiten hatten, die heimtückische Natur des narzisstischen Missbrauchs zu verstehen. Sie dachte an ihre eigene Erfahrung zurück – wie isoliert sie sich gefühlt hatte, wie schwer es gewesen war, überhaupt zu benennen, was mit ihr geschah. Nur durch Bildung und die Unterstützung anderer, die den gleichen Weg gegangen waren, konnte sie sich befreien. Und nun empfand Tara eine tiefe Verantwortung, diese Quelle des Wissens und der Unterstützung für andere zu sein.

Eines Tages, als sie mit einer Freundin, die eine schwierige Zeit durchmachte, in einem örtlichen Café saß, erzählte Tara ihre Geschichte. Sie sprach offen über die Herausforderungen, mit denen sie konfrontiert war, die Warnsignale, die sie ignoriert hatte, und den Moment, als sie sich schließlich entschied zu gehen. Ihre Freundin hörte aufmerksam zu, ihre Augen weiteten sich vor Erkenntnis. „Ich hatte das Gefühl, dass in meiner Beziehung etwas nicht stimmt", gestand sie. „Aber ich wusste nicht, was es war. Ich dachte, das wäre nur ich."

Da wurde Tara klar, wie kraftvoll ihre Geschichte sein konnte. Indem sie ihre Meinung äußerte, konnte sie anderen helfen, die Wahrheit in ihrer eigenen Situation zu erkennen und die Anzeichen narzisstischen Missbrauchs zu erkennen, bevor es zu spät war. Sie begann über andere Möglichkeiten nachzudenken, wie sie etwas bewirken könnte. Sie könnte einen Blog starten, Artikel schreiben oder sich sogar ehrenamtlich in örtlichen Selbsthilfegruppen engagieren. Die Möglichkeiten waren endlos.

Im Laufe der Zeit engagierte sich Tara immer mehr in der Interessenvertretung. Sie nahm an Workshops zum Thema emotionaler Missbrauch teil, lernte die psychologischen Auswirkungen narzisstischer Beziehungen kennen und knüpfte Kontakte zu Organisationen, die sich der Unterstützung von Überlebenden widmen. Sie begann, auf Veranstaltungen Vorträge zu halten, über ihre Reise zu berichten und praktische Ratschläge zu geben, wie man narzisstischen Missbrauch erkennt und ihm entkommt. Jedes Mal, wenn sie sprach, fühlte sie sich ein wenig stärker und sicherer in ihrer Fähigkeit, anderen zu helfen.

Durch diese Arbeit lernte Tara viele unglaubliche Menschen kennen – Überlebende, Therapeuten und Fürsprecher –, die sich alle dem gleichen Ziel verschrieben hatten: den Teufelskreis des Missbrauchs zu durchbrechen. Sie teilten ihre Geschichten, ihre Heilungsstrategien und ihre Träume für eine Zukunft, in der narzisstische Manipulation auf Schritt und Tritt erkannt und bekämpft wird. Zusammen bildeten sie eine Gemeinschaft von Kriegern, von denen jeder sich dem Schutz der Verwundbaren und der Stärkung der Verletzten widmete.

Bei der Interessenvertretung ging es jedoch nicht nur darum, sich zu äußern, sondern auch um Bildung. Tara wusste, dass viele Menschen nicht verstanden, was eine narzisstische Persönlichkeitsstörung (NPD) ist, geschweige denn, wie sie sie in ihrem eigenen Leben identifizieren können. Sie begann, sich auf die Sensibilisierung zu konzentrieren und Ressourcen zu schaffen, auf die jeder, der sie brauchte, leicht zugreifen konnte. Ob es darum ging, einen Leitfaden zu den Frühwarnzeichen narzisstischen Verhaltens zu schreiben oder einen Workshop für Jugendliche zum Thema gesunde Beziehungsdynamik zu entwickeln, Tara war entschlossen, etwas zu bewirken.

Ihre Bemühungen blieben nicht unbemerkt. Die Leute begannen, sie um Rat zu bitten und dankten ihr dafür, dass sie Licht in ein Thema brachte, über das oft Stillschweigen herrschte. Mit jeder Nachricht verspürte Tara ein neues Gefühl der Zielstrebigkeit. Sie war kein Opfer mehr; Sie war eine Überlebenskünstlerin, eine Lehrerin, eine Verfechterin des Wandels.

Ein Leben ohne narzisstischen Einfluss führen

Während Tara ihre Arbeit fortsetzte, nahm sie sich auch die Zeit, ihr eigenes Wachstum zu feiern. Es war keine leichte Reise gewesen, aber sie war mit einem neuen Selbstwertgefühl und einer tiefen Wertschätzung für das Leben, das sie sich aufbaute, aus der Dunkelheit hervorgegangen. Sie lernte, ihre Widerstandsfähigkeit zu würdigen und die Kraft zu erkennen, die es brauchte, um aus einer toxischen

Beziehung herauszukommen und ihr Leben von Grund auf neu aufzubauen.

Bei einem Leben ohne narzisstischen Einfluss ging es nicht nur darum, den Kontakt zu toxischen Menschen abzubrechen – es ging auch darum, ein Leben voller positiver, unterstützender Beziehungen zu führen. Tara umgab sich mit Freunden, die ihre Grenzen respektierten, ihre Erfolge feierten und sie aufrichteten, wenn sie niedergeschlagen war. Sie lernte wieder zu vertrauen und ihr Herz für neue Möglichkeiten zu öffnen, ohne Angst davor zu haben, verletzt zu werden.

Sie verstand auch, wie wichtig kontinuierliche Selbsterkenntnis und persönliche Weiterentwicklung sind. Die Narben des narzisstischen Missbrauchs verschwanden nicht einfach; Sie erforderten ständige Pflege und Aufmerksamkeit. Tara hat sich vorgenommen, weiter zu wachsen, weiter zu lernen und sich nie mit weniger zufrieden zu geben, als sie verdient. Sie besuchte eine Therapie, übte Achtsamkeit und nahm an Aktivitäten teil, die ihr Freude und Erfüllung brachten.

In Momenten des Zweifels erinnerte sich Tara an all die Fortschritte, die sie gemacht hatte. Sie war nicht länger die Frau, die kontrolliert und manipuliert worden war; Sie war eine Frau, die ihren Wert hatte, die Kontrolle über ihr Leben und ihr Schicksal übernommen hatte. Und mit jedem Tag, der verging, fühlte sie sich bestärkt, diesen Weg der Heilung und des Wachstums fortzusetzen.

Als Tara in die Zukunft blickte, wusste sie, dass ihre Reise noch lange nicht zu Ende war. Es gäbe immer neue Herausforderungen und neue Wachstumschancen. Aber sie wusste auch, dass sie über die nötigen Werkzeuge verfügte, um alles zu meistern, was auf sie zukam. Sie war stärker, weiser und widerstandsfähiger als je zuvor. Und mit jedem Schritt, den sie machte, stärkte sie nicht nur sich selbst, sondern ebnete auch anderen den Weg, dasselbe zu tun.

Am Ende war Taras Geschichte eine Geschichte des Triumphs – nicht nur über den Narzissten, der versucht hatte, sie zu kontrollieren, sondern auch über die Zweifel und Ängste, die sie einst zurückgehalten hatten. Sie hatte ihr Leben zurückerobert und dabei ein Ziel entdeckt, das größer war als sie selbst. Sie war für andere zu einem Leuchtfeuer der Hoffnung geworden, eine Erinnerung daran, dass es selbst in den dunkelsten Zeiten immer einen Weg nach vorne gibt.

Und als sie in dieses neue Kapitel ihres Lebens eintrat, fühlte sich Tara bereit, alles anzunehmen, was die Zukunft bereithielt – in dem Wissen, dass sie die Macht hatte, ein Leben zu schaffen, das wirklich ihr eigen war.

Abschluss

Mit Stärke und Belastbarkeit vorwärts gehen

Da wir uns dem Ende dieser transformativen Reise nähern, ist es wichtig, sich einen Moment Zeit zu nehmen, um darüber nachzudenken, wie weit Sie gekommen sind. In diesem Buch wurden Sie mit der Komplexität der Narzisstischen Persönlichkeitsstörung (NPD) vertraut gemacht, mit den verheerenden Auswirkungen, die sie auf Menschen haben kann, die in Beziehungen mit Narzissten verwickelt sind, und vor allem mit den Schritten, die Sie unternehmen können, um Ihr Leben zurückzugewinnen. Ihre Reise war nicht einfach, aber jedes Kapitel, das Sie gelesen haben, jede Erkenntnis, die Sie gewonnen haben, hat Sie der Freiheit und Ermächtigung näher gebracht, die Sie verdienen.

Eine Botschaft der Hoffnung

Wenn Sie dieses Buch schließen, seien Sie sich darüber im Klaren, dass Ihre Reise hier nicht endet – sie fängt gerade erst an. Sie haben mutige Schritte unternommen, um sich weiterzubilden, die Dynamik narzisstischen Missbrauchs zu verstehen und Ihre Macht zurückzugewinnen. Diese Schritte sind bedeutsam und werden als Grundlage für das nächste Kapitel Ihres Lebens dienen.

Denken Sie daran, dass die Heilung nicht linear verläuft und es Tage geben kann, an denen der Weg, der vor Ihnen liegt, entmutigend ist. Aber erinnern Sie sich in diesen Momenten an die Kraft, die Sie bis hierher gebracht hat. Sie werden nicht durch den Missbrauch definiert, den Sie erlitten haben – Sie werden durch Ihre Widerstandsfähigkeit, Ihren Mut und Ihr unerschütterliches Engagement für ein

Leben frei von Manipulation und Kontrolle definiert.

Selbstliebe steht im Mittelpunkt dieser Reise. Es ist der Treibstoff, der Sie in schwierigen Zeiten am Laufen hält. Nehmen Sie sich Zeit, Ihre Beziehung zu sich selbst zu pflegen, Ihre Bedürfnisse zu berücksichtigen und Ihr Wachstum zu feiern. Sie verdienen all die Liebe, den Respekt und die Freundlichkeit, die Sie anderen entgegenbringen – also schenken Sie sie unbedingt auch sich selbst.

Und denken Sie daran: Sie sind nicht allein. Es gibt eine große Gemeinschaft von Überlebenden, Fürsprechern und Unterstützern, die hier sind, um Sie aufzurichten, ihre Geschichten zu teilen und Sie daran zu erinnern, dass Heilung möglich ist. Nehmen Sie Kontakt auf, verbinden Sie sich und finden Sie Stärke in der kollektiven Kraft derjenigen, die diesen Weg vor Ihnen gegangen sind.

Behalten Sie auf Ihrem weiteren Weg diese Botschaft der Hoffnung im Herzen: Sie haben die Macht, das Leben zu gestalten, das Sie sich wünschen, Beziehungen aufzubauen, die gesund und erfüllend sind, und weiterhin zu der Person heranzuwachsen, die Sie immer sein sollten. Diese Reise mag eine Herausforderung sein, aber sie ist auch eine der lohnendsten Erfahrungen, die Sie jemals machen werden.

Atmen Sie tief durch, stehen Sie aufrecht und gehen Sie voller Zuversicht in Ihre Zukunft. Sie haben bereits so viel überwunden und das Beste liegt noch vor Ihnen. Die Welt wartet auf die unglaubliche, kraftvolle Person, die Sie werden – und es gibt keine Grenzen für das, was Sie erreichen können.